# ジュリアの音信

W・T・ステッド著
桑原啓善 抄訳

挿画　熊谷直人

# 訳者の前書き

『ジュリアの音信』とは、今から百年ほど前に（一八九一年）に亡くなったジュリアという女性から送られてきた霊界通信です。ジュリアは亡くなってからすぐに通信を送り始めたのですが、これが初めて公表されたのはそれから二十年後、つまり今から八十年ほど前のイギリスにおいてです。こんな古い通信を今頃なぜ紹介するのかというと、実はこの霊界通信は心霊研究の歴史の中で、指折りの有名な通信なのです。何といっても、本物だという信憑性《しんぴょうせい》が非常に高いのです。この事については後で申し述べます。その証拠には、フランス、ドイツ、イタリア、ロシア、スウェーデン、デンマークその他たくさんの国々で翻訳出版されました。

さて、なぜ信頼度が高いかというと、このジュリアからの通信を受信した人物がウィリアム・ステッドという人で、たいへん立派な人なのです。受信は自動書記という形で受け取っています。自動書記とは霊能力のある人が心を受け身にして、霊からの通信を、自分の意志とは無関係に自動的に動く手で筆記をしていくやり方です。自動書記で一番有名なのはステイントン・モーゼスの『霊訓』とか、マイヤースの『永遠の大道』というのがあります。日本でも大本教の出口ナオや、天理教の中山みきの「お筆先」は一種の霊界通信です。

さてウィリアム・ステッドですが、この人はイギリスのマスコミ界でも一級の人物でした。『ペルメル・ガゼット』紙の主筆を務めた人です。ところが、心霊研究家としても有名で、『レビュ・オブ・レビュ』とか『ボーダーランド』

とか、幾つも有名な心霊雑誌を創刊して活動した人です。また自分にも霊能力があったようで、この『ジュリアの音信』のように秀れたものを残しています。それだけではありません。死んでからも活躍しています。死後すぐにスコット女史を通じて霊界通信を送り、それは『ステッドの通信』という名で、日本でも浅野和三郎氏によって翻訳されています。

このステッドは一九一二年、あの有名なタイタニック号で遭難し死んでおります。当時としては超豪華船タイタニック号は、大西洋上で氷山に衝突して一五〇〇人が死んでおります。この時ステッドは救命ボートに進んで人々を乗せ、自分は従容《しょうよう》として沈んだと言われています。

この、『ジュリアの音信』が信頼度が高いというのは、一つには、ステッドのような秀れた人物、秀れた心霊研究家によって受信されたことです。もう一つは、通信を送ってきたジュリアという女性が、知的でなかなかしっかりした人物だったことです。それに、この通信には、このジュリアが確かに死んだジュリア本人に間違いないという、証拠があるということです。この身許《みもと》証明のあるなしが、本物の通信とインチキ通信とを見分ける大事な鍵になります。

その身許証明を二つ述べておきます。

ジュリアには姉妹のように仲よくしていた友人がいました。一八九一年十二月、ジュリアはボストンで病死しました。その数週間後に、ジュリアはシカゴ市にいるその友人の前に出現しました。その友人は眠っていたのですが目を覚まし、ベッドのそばに喜色満面に輝くジュリアの姿を見ました。数分間そうしていて、それからだんだん白い霧のようになって三十分くらい部屋に漂っていました。

それから数か月後、その友人はイギリスに来て、ステッドと一緒にイーストナー宮殿に滞在していた時、今度は目が覚めている時に、ジュリアは再び出現しました。生前と少しも変わらぬ生き生きした姿で現れ、ただ前回と同じように言葉を発しませんでした。

そこで、その友人はステッドに自動書記で受信をしてくれと頼みました。ステッドにそういう能力があることを知っていたのですね。ステッドは早速、翌朝自動書記で受信を試みました。すると「私達がミネルヴァを訪問した時のことを思い出して頂戴」そういう通信でした。ステッドには何のことだかサッパリ分かりませんでした。

友人はその言葉を聞くと飛び上がって驚きました。ああ、ジュリアに間違いないというのです。ミネルヴァとは婦人禁酒同盟の会長のウィラード女史のことです。ジュリアはこの女史にローマの女神様ミネルヴァというニックネームを付け、ひそかにいつもそう呼んでいました。この事を知っているのは、このニックネームを付けたジュリア本人以外にはいないのです。それに、ジュリアが危篤の床にある時、私とミネルヴァと二人してジュリアを見舞いました。その時ジュリアが言った言葉が、まさに貴方が受信したその言葉です。ですから、これはジュリア以外の何者でもありません。そういうことでした。

もう一つ証明があるのです。ステッドは念を入れて、もう一度、そのジュリアの友人を横に坐《すわ》らせて自動書記を行いました。すると今度は、「私と一緒に帰宅途中、彼女は転んで背骨を痛めました。」という通信が届きました。

友人はとんでもない、そんな記憶はないと言うのです。すると、ジュリアからの自動書記はつづきました。「彼女は忘れたのです。七年前のこと。イリノイ州のストリーターで。土曜日の午後でした。地面には雪が積っていました。彼女はブル婦人の家の前で、道路の縁石《ふちいし》につまづいて転び、背骨を痛めたのです。」

もう一度、友人は飛び上がりました。そうして叫びました。「ジュリア、あの事ね。あれなら覚えているわ。私、背中が痛くて二～三日寝てたんですもの。思い出したわ。」とこうでした。

もう、こうなるとジュリア本人に間違いありません。右の二つの事実を知っているのは、ジュリアと、そのジュリアの友人（エレン）の二人しかいないのです。しかも、エレンが忘れていたことを言い当てたのです。すると、これは死んで他界にあるジュリア以外のいったい誰でしょうか？

　この『ジュリアの音信』は、ジュリアが死ぬところから始まります。死とはいったい何であるか。死の関門をくぐったジュリア本人の口からお聞きください。

　また、人は死んでどうなるのか？　何処《どこ》へ行くのか？　どんなものを見たり、どんな人に会ったり、どんな事を考えるのか？

　死後の世界があることにお気付きですか？　それはどんな世界であるか、ジュリアの口からお聞きください。

　もし、死後の生命があるとすれば、人は現在どういう生き方をすればいいのか？　今いちばん何が大事であるか。一度死んで、この世を振り返るジュリア本人の感想を聞いてみてください。それから、ジュリアは人は再生する、つまり生まれ変わるとも言っています。どういうふうに再生するのか。人が生まれかわるカラクリにまで目を向けてください。

本書をお読みになる方は、きっと、自分も死んだら、こういう道をたどるのかしらと思われるでしょう。本書は、釈迦とかキリストとか、ズバ抜けた人からの教訓ではありません。私達と同じ一市民からの通信です。そうして、死者その人に間違いない証明つきの通信です。しかも、死んですぐまだこの世の記憶の生々しい本人からの通信です。私達もきっと、死んだらジュリアのように、こんな道を通り、こんな思いを持ち、そうしてジュリアのように生き生きと、第二の生命を始めることになるのでしょう。訳者である私も、皆様と一緒に、そんな思いにかられながら、この『ジュリアの音信』をつづることにします。

※　本書は一九九一年に自家版（壮神社発売）で出版された『ジュリアの音信』の新装版です。

※　本書中、現在では不適切と思われる表記も、作品の時代背景や故人である著訳者を尊重する観点から、極力原文のままといたしました。

# ジュリアの音信　目次

# 第一篇　友人エレンに宛てた音信

## 1、現界から他界への移行
### ――ジュリアから死後まもなく送られてきた通信

私は肉体を離れました。その時の気分といったら、何とも不思議なものでした。私は自分の肉体が横たわっているベッドの側に立っていました。室内を見渡すと、何もかも、目を閉じた前と少しも違っていませんでした。死ぬ時は少しも苦しくなく、たいへん静かで安らかな気分でした。気が付くと、私は部屋の中にいて自分の肉体の外に立っていました。初めは、自分と私の死体と、その他に誰もいませんでした。私はいつもと違ってひどく健康に感じ、その時初めて自分が他界している事に気付きました。

しばらく待っていると、戸が開いてH夫人が入って来ました。夫人はひどく取り乱して、私の死体に向かい、丁度私に対するように言葉をかけました。私はそのまま立って見ていましたが、夫人が一生懸命私の捨てた肉体に向かって泣いたりわめいたりしているのを見ると、何ともおかしく、つい吹き出してしまいました。私はこの先どうなるかと思い、ただ黙って立っていました。

その時、洪水のように暖かい光が室内に充ち、天使が出現しました。初め、天使は女性のように見え、私に近寄り、こう申されました、「私は貴方に新しい生活の法則を教えるために来た者です」と。私が天使の方を向くと、天使はやさしく私の手に触れ、「さあ、出立しましょう」と言われました。

私は部屋と私の肉体を後にして外へ出ました。そこは実に不思議な光景でした。市街には霊が一杯で、往き来する人達は皆私達と同じ様でした。私の天使には翼があって、その姿はまことに美しく、白い衣をまとっておられました。

私達は街の通りを行き、やがて空中を飛行し、とうとう死んだ友人達がいる処《ところ》へ行きました。そこにはM氏あり、別のM氏もあり、イーセルさんも、A氏も、そのほかたくさんの人達がいました。彼等は霊界の事についていろいろ教えてくれ、霊界の法則をよく学んでしっかり努力するようにと言ってくれました。天使もずっと傍にいて、何かと説明役をしてくださいました。

霊友達も、現界に在った時と同じような生活状態で、互いに仲良く生活しており、もはや衣食のために労働の必要はなくなっているが、何かと為すべき仕事はいろいろあるようでした。

その時、私は急に貴女《あなた》の事を思い出し、悲しくなって帰りたいと思いました。天使は直ちに私を連れて空中を飛び、前の処に戻りました。死体室に入ると、私の身体が横たわっており、しかし私にはそれは何の興味もなく、ただ、貴女が私の着物にとりすがって泣いているのを見て、ただただ悲しくてたまりませんでした。貴女に話したいと思いました。愛する友よ、貴女が涙でぐっしょり泣き濡れているのを見て、何とか貴女を慰めてあげることは出来ないかと思い、それが出来なくてひどく悲しく思いました。私は一心に貴女に話しかけました。私は貴女の傍にいますと、そう言ったのですが、少しも貴女の耳には入りませんでした。何度も何度もそうやったのですが、とうとう駄目でした。そこで私は天使に向かって、「いつもこうなのですか、駄目なのですか」とききますと、天使はこう言われました。「待っていなさい。そのうち彼女と語れる時が来る。今は何を話しても彼女には聞こえない、分かってはもらえない」と。その時、私は呼び返されました……

こちらの事を何もかもお話しすることは出来ません。話しても貴女には分かってもらえないでしょう。私は地上に居た時には想像もできなかった程の幸福の中にいます。私は私より先に他界した人達と一緒にいます。

ここには誰も老人に見える人はいません。みんな私達は若いのです。これこそ永遠の青春、そうなんですね。私達は思いのままに昔の姿に返ったり、新しい姿をとったり、また生前の着衣を着けて人の認識をうながしたりします。しかし、私達の霊体は若くて美しいのです。生前の私と今の自分とでは、似てはいます。でも、昔の私の事を想像されたのでは、それは随分と違ったものです。身体を去ると魂は青年の衣を着けます、それは朽ち果てぬ永遠の衣です。

私達の生活がどんなものか、どのように日を送っているか、それは到底お伝えすることは困難です。私達はいささかも疲労を感じたことがありません。地上に在った時のように睡眠の必要はなく、飲食の必要もありません。それらは肉体に必要なのであって、こちらに来ては何の必要もありません。そうですね、この天界の生活を伝えるとすれば、貴方の目の前に山水の景観が開かれ、それが朝陽夕陽に輝き、その美しさに身も心も躍る、まあそんな気持ちを想像してください。ここには平和があります、生命があります、美があります。そしてそれらすべての上に愛があります。至るところに美があり、あらゆる処に喜びと愛があるのです。愛、ああ愛こそは天国の鍵、神は愛なのです。もし、貴女が愛ひとすじに身を包まれるなら、そのとき貴女は神の懐の中に在るのです。

私達は神の愛を疑いません。私共はその中に生きているのです。愛こそは唯一つの最大の実在です。地上生活の罪も悲しみもやがて消滅する影にすぎません。それは地上だけではありません、こちらにも罪も悲しみもあります。地獄も天国もあります。しかし、天国の喜びは地獄を常にむなしいものとします。

私共は絶えず他者を愛によって救い、その救いは自己犠牲によって為されることを学んでおります。私共は自己犠牲をせねばなりません、この犠牲なくして何の救いがありましょう。キリストの秘訣とはこの外にありましょうか。

## 2、新生活の驚き

私は、此の世とあの世の生活がこんなにも似ているとは、全く思いもしませんでした。

霊が身体を離れても、生きていた時と少しも変わりません。本当の自己とは霊なのです。この霊が智能や肉体を道具として使っていたのです。もう今の私には身体は何の必要もありません。しかし、私には生前と同じように、智能も知識も経験も、思想や情緒の傾向もちゃんと具わっています。ただ、私がこちらに来て、はっきり知った違いは、見せかけの人間と本当の人間との相違ということです。

〈人を裁くなかれ〉という言葉がありますが、あれは本当です。真実の人間とは、その肉体外観ではなく、その精神なのですね。こちらに来まして、以前はあの人は凶悪邪淫の人だと思われていた人が、一見温良な素振りをして、内心ではかえって淫逸の想念にくれていた人より、遥かに遥かに清浄神聖なことがあるのですね。精神こそは人格の器です、精神は肉体よりずっと大きな力を持つものです。肉体は単にあわれな精神の道具にすぎません。ですから、その人の思想、動機、想像、これらが人の裁かれるべきものです。このことは肉体から離れますと、たちまち透けて見えてしまうのです。

このように思想は、貴方がたが想像されるより、ずっと実在なのです。ですから、夢想家とは人が思うほど怠け者ではないのです。夢想そのものは行動ではありません、しかし、それはそれなりに影響力を持つものです。ですから、内心、悪い汚れた想像に身を委ねた人は、その結果、悪い情欲で心身を狂わせます。あるいは、親の悪想念の影響が子孫に及び、子孫の一生を誤らせます。

ですから、こちらに来ますと、物事がまるで逆に見えるのです。一等賞の者がビリッコで、ビリッコが一等賞の具合いにです。こういうわけで、物質界では悪行を働いた犯罪人、殺人者、姦通者などが、逆に、犯罪などは犯さず、しかしその心は犯罪の巣だった人に較べると、ずっと純潔や神聖さでは等級が上だという事があるのです。だからといって、罪を犯す者の方が罪を思う者より優れている、と言っているのではありません。ただ、行為の外見だけでは、その精神も悪いという、証拠にはならないと言っているのです。出来心の罪、一時の情欲の発作の罪、それらは永く蓄えられた悪想念のために全精神が犯されてしまうのより、まだ精神が傷つけられる度合いは軽い、そういうことです。

肉体を離れて、人は初めて実体が明白となります。その時初めて、その人が何を考えているか、何を思い暮してきたか、その一切が見透かされます。この露見は実に驚くばかりです。私も今ではやっとその衝撃に馴れてきたところです。

次に、私が驚いたことは物が空虚であることの発見です。世界で一番大事なものは物だと思っていたのに、何と空虚なこと。たとえばお金、地位、財産、レッテル、その他私達が物質界で大事に賞賛する物がみんな空虚なのです。こんな物みんな昨日の霧のように、去年のお天気のように消え去りました。もとよりこれらの物も一時は効き目があります。ですが到底永続きしない、飛び去る雲です。

（訳者注・次に、ジュリアはステッドに対して、他界と現界と通信する「顕幽通信局」を設置してもらいたいと、次のように述べた。）

私はずっと、他界した霊達が地上に残した愛する人々と交通するための、機関を設置したいと思い続けています。私は貴方と話したいと思いましたね、そのように、こちらには多数の霊達が、別れた人達と話したがっています。しかし、自動書記をしてくれる人がいないのです。残念です。地上にはたくさんの死別を悲しむ人々があり、こちらには地上の愛する者と語れず嘆く者がいる。どうしたらこれらの悲しむ人達を結び付けることが出来るのでしょう。これは私共だけでは何とも出来ないことです、貴方に助けていただかなければ。

いま、幽明両界にわたって必要なのは交通局です。貴方が信頼できる一〜二の霊媒を集めて、一種の事務所を設置することは出来ないでしょうか。私だって、親愛な人達と話をしたい切情が一杯なのです。ですが、これにはもっともっと大事な理由があるのです。こちらでは皆が話し合っています。それだけでなく私の指導霊がこう語っています。今や、諸国民の間に一大霊的覚醒の時期が到来しているというのです。この覚醒と申しますのは、求める者には誰にでも、霊の存在、死後個性の存続、神のあまねき実在、それらの立証が与えられる、このような時が来ているからです。この時、私はどんな手助けをすることが出来るのでしょう、問題はこの事です。

貴方は優れた自動書記の能力者です。もし貴方が、こちらの霊達に貴方の手を貸して、地上の知友や身内と交通させてくださるなら、みんなこぞって貴方の手を借りますよ。

## 3、天界の幸せ

天界にはいろいろ等級があります。ですが最下の天界でも、貴方の想像できる一番美しい景観より、もっと美しいのです。この天界には不変の愛がありますその愛は地上にはこれに比すべきものがありません。せめて申せば、愛し合う二人が、完全の満足と完全の喜びを満喫したその極点、こう申しておきましょうか。天界と地上との相違は、私共が愛、つまり神に於いて生活しているのに、皆さんは神、つまりは愛が欠けているために、苦悩の中に生活している、これです。

地上にもいろいろ愛はあります。もしなければ世界は地獄でしょう。母の子に対する愛、兄弟愛、青年と少女の愛、夫婦の愛、そのほかに友情。みんなこれらは天界から地上に射す光線、ですがそれは皆不完全で一つも完全なものはありませんが、それはいわばダイヤモンドの各面から発する光で、そのすべては神なのです。最も賤《いや》しい者の愛も、愛する限りそれは神感によるのです。世界救済の秘訣は、もっともっと優れた愛を、多くの愛を、大きな愛を、これです。

人には我がままの愛、たちの悪い愛があるという。これは本当です。それは不完全な愛です。我がままから出た愛は本物の愛ではありません。母が自分の子供に一生懸命で、他人への義務を怠るのは悪いとは言えません。しかし、母が自分の子だけを愛し、他者への愛を欠いているので我がままとなるのです。我がままな愛とは、愛する者への愛が少ないからそうなるのでなく、他者へ向ける愛をゆるがせにしているからそうなるのです。人を愛して愛しすぎるということはありません。唯これと共に、他者に対する愛が不十分なとき我がままとなるのです。普遍完全な愛こそ理想的な神愛です。愛が欠ければ、そこに罪が忍び込みます。しかし、道ならぬ愛にあっても、愛してはいけない男、またその女のために、もし人が我《が》を捨てて、そのために働き、祈り、生き、自己犠牲をもってすれば、それは愛のない婚姻よりは一層天国に近いものです。といって、私は結婚を非難しているのではありません。随分危険思想と貴方が思われるも承知の上です。ですが、世間の愛と称するものが、何と利己的でちっとも愛ではないことが何と多いことでしょう。たとえば、婦人を堕落させるような愛、一時の情欲の具にして後は捨て去る愛、こんなものが愛でしょうか。こんなのは極悪の怨恨の業と何ら変わるところはありません。これは利己の極みです。すべて本当の愛とは自己犠牲の性質をおびています。その他、愛には色々な事柄に目を向けていねばなりません。ただ自分一人の結果を考えるだけでなく、相手が他者が――その中には生まれて来る生命をも考慮して――どういう結果になるかまで心を配らねばなりません。ですから、真実に人を愛するということは、自分を相手の立場において、相手の者の最善を願い、自分の身と自分の楽は捨てて、これを相手に捧げることです。真実の愛とはこれです。この愛があるところ神の火花が輝きます。この故に、母の愛は何よりも神に近いと言われるのです。母親達の愛は何人《なにびと》の愛よりも多く、その分だけ神に似ているのです。世界が一大地獄にならないのはこの母親達の愛の力があるからです。

ですから、エレン、愛は神です神は愛です。どうぞこの核心の教えをしかと身につけてください。貴方が愛する程に、貴方は神に似てきます。私共が唯まことの愛に生きる時、私共は真の自己を発見します。また愛する相手に神性を見ているのです。ああ、エレン、エレン、もし私がもう一度生き返って、人に何かを語るとすれば、もう愛のほか口には致しません。愛は法の完成です。愛によって神のお顔を見るのです。愛は神そして神は愛です。もし神と共に在りたければ愛することです。もし天界に入りたいと思ったら、ただ愛すべきです。天界と地獄をへだてるものは、ただ天界では、ひとりひとりが力の限り他者を愛し、神の恵みは唯この愛の増進に応じて増進する、このことに依るのです。愛せよ、愛せよ、愛に生きよ。これは第一の言葉であり、また最後の言葉です。この外に何がありましょう。何故かって、エレン、神それは愛、神はすべての人に対してすべて、そして初めであり終り。それは終ることのない霊界ですから。愛するエレンよ、これは真実の言葉です。世界が必要とするのはこの言葉です、このコトバがかつて肉となり人間の内に住み給うている——愛せよ、愛に生きよ。

## 4、死者を悼むなかれ

(身内の死を悲しむあまり病気になった友人に対し、ジュリアは次のような通信を送って来た)

貴方が愛しているその人が病気の時、私は何度も貴方の傍に来たのです。そして、何とか貴方の力になってあげたいと思ったの。でも、貴方には私の姿は見えず私の声は聞こえなかった。その方が亡くなった時も、私はずっと貴方の傍にいました。その方がこちらの世界に来るのを、こちらでは皆が待ちうけていました。ですから、その方がこちらで、母や夫や知人達に会えて、どんなにか幸せそうだったか、その事を貴方に話して上げたいと思ったの。だけどほんとに貴方はお馬鹿さん、一言も貴方は私共の声を聞いてくれなかった。

そんなに貴方は嘆き悲しんで、どんな得になるの。キリストは生命の不死なることを身をもって示されました、あれを一時の冗談だとでも言うの。貴方は友である私が今も生きていることをご存知でしょう。なのに身も世もなく嘆き悲しむなんて、キリストも死と共に消えてしまったように、どうしてそんな嘆き方をするのですか。

私は天界に在って、貴方には見えないものをたくさん見ています。私の願いは、いわゆるキリスト教につきものの、後向きの、悲しみや失望に黙従する、あれではないの。本当に神の愛の中で生活する人なら、みんな享受する歓喜や至楽、貴方にはそんな風になっていただきたいの。愛する友よ、貴方の大事なその人は今こちらに居ます、その人のことを泣いてはいけません。ではなくて、死後の世界は貴方のために神が用意なされている世界、これを信じぬ者には無いに等しく、信じる貴方には厳然とそこに在る、その事を世間のすべての人に証明してあげる、こんな絶好の機会を、なぜ貴方は手をこまねいてむざむざと過ごしているの、何故それを嘆かないの。

どう言ったら貴方は納得してくださるでしょう。私がこうして叱っても、貴方にはチンプンカンプン、貴方は私を見ようとせず聞こうとしない。貴方が手をひろげて暗闇に立つ時、貴方のその人は貴方の傍に居る、それなのに貴方はその事に気付かず、ただ憂いに沈み、いらいらとするばかり、そうして不信に陥ってしまう。その不信がある限り、貴方は神の愛の伝達者にはなれないわ、その力がないので。

自分で悲しみながら、片方で神を信じると言っても無駄。悲しみの程度とは、その人の不信の程度なのです。すべて悲しみは、その人の不信をはかる霊的晴雨計なのです。

人類の今の状態は何とすさまじいではありませんか。死に直面した世界の姿、もう言葉では表現できません。キリストは罪と死の二つに打ち勝たれました。しかし、もし自らをキリスト者と呼ぶ人が、自分の愛する者の死後の生存を確認せぬなら、それはキリストが勝利を得られたことになりません。ですが、キリストは、幽明二つの世界の間に罪によって張られた幕を打ち破り、霊界を世界の人々に開かれました。それなのに、後世に至り幕はまた次第に昔のままに戻ってしまい、とうとう今日では、偶像信仰時代そのままに、死は完全な別離となってしまいました。これは何としても挽回せねばなりません。貴方はその挽回の一つの大きな担い手です。それは名誉、余人にはない特権、チャンスを担う者です。死者を死者として悲しむのを止め、失われた人を見出して歓喜する人、そういう一人として立ち上がってください。

最後にもう一言、最も親愛な貴方、私を許してくださるでしょう。私が以上申しましたことは、単に私一個のためだけではないの、貴方に望みを托している、天界に在るすべての人達のため、そのためでもあるの。神が貴方と共に居ますように。

貴方を愛するジュリアより

## 5、霊の成長の法則

（一八九三年六月十八日、ステッドに宛てたジュリアの通信である）

私はこちらに来ましてから、地上の貴方との接触を保っています。これは私にとってとても幸せなことです。人はこのことを霊の成長のためよろしくないと言いますが、私には思いもよらぬことです。成長は愛と奉仕によります。だのに貴方は二つの世界の間に壁を設け、二つを区別します。地球を一つの地理的場所となされるのは、至極物質的な考え方です。貴方は何事も余りに物質的に考えています。こちらに居る私にはよく見えていることですが、貴方の霊は肉体に包まれ、そのため霧に覆われた具合いに、その支配のままになっています。本当の貴方は霊です、肉つまり霧ではありません。生命とは献身、奉仕、愛です。ですから、顕幽交通は愛する人苦しむ人のための奉仕の仕事ですから、霊の成長によろしくないなど、愚論にすぎないことお分かりでしょう。

過去十一か月にわたって、私は貴方と交通してきました。私は貴方の幸福と貴方の友人の幸福を願ってそうしてきました、分かっていただけるでしょう。私のそうしたことが、もしそうしなかった方が、貴方のためによかったでしょうか。私はいつも貴方の傍に居ました。将来について何度も何度も予告しました。神秘と人が言うことを説明したり、貴方の事業も援助したり、激励もしてきましたね。そのため人を傷つけたことが、一度でもありましたか。

こちらには何百万の善霊がいます。そうして、そちらに残した遺族に万感の愛情を抱いています。子を失った母がいたり、愛する人を失い、夫を失った婦人がいます。それなのに、たちまち幽明二つの別々の世界に分けられてしまうなんて、その愛がきずなを失ってしまうなんて、そんな戯《たわむ》れを言ってくださるな。

友よ、もし貴方が二つを隔てる壁を投げうつならば、そこからこんこんと清水が湧き出て、不信の渇いた荒野を潤すことになりましょう。それが渇死しつつある多くの人々を救うことになるのですよ。私はいま宗教について云々《うんぬん》しているのではありません。愛について語っているのです。天界にあって愛はあたかも海洋の水のようです。波は人界の岸に寄せて来てすすり泣いています。このことが貴方には未だお分かりでないのです。

霊界交通には危険が伴うと貴方は言う、その事について一言しましょう。これには多言を要しません。こちらの世界に愛があることは真実です。また、悪魔と天使がいることも、論理の上の事ではありません。此処《ここ》もそちらも同じこと、悪人もいれば、うそ吐《つ》き、尻軽の人間もいます。交通を拡げれば、その分だけ、誘惑も危険も堕落だって拡がります。

ですが問題は程度の問題です。そちらの世界にしろ、子弟を都会に出すにあたり、都会には誘惑や悪や危険があるからといって、その子弟と交通を断ってしまう親がいますか。そんなことお笑い草でしょう。ですから、貴方の愛する人が、ニューヨークでもシカゴでもロンドンでもなく、実に神のみもとに行くのに、交通を断ってしまうなんて笑止と申さねばなりませんね。

と申しても、私は何も貴方が、こちらのすべての希望者と、誰彼のへだてなく交通せよとは申しません。お望みならば、こちらもそちらも同じこと、善人でも悪人でも親しくなることは勝手ですが。しかし、こちらもそちらも同じこと、一度親しくなったら、おいそれとその絆を断ち切るわけにはいきません。これは念のためです。

広い霊界と交通なさる時、多少の危険はつきものです。何故と貴方はおっしゃる? 友よ、何故と貴方はなぜおっしゃる? それは愛に無知です、人を助ける情愛がなさすぎます。問題はただ唯一つ、愛の問題です。

どうか私の言葉を信じてください。危険と申しても、大げさすぎます、根も葉もない論拠で申しているのです。貴方がもし、死んでもその人が生きていることがお分かりなら、幽明ところを隔てても、生命は一すじに続いているることを心にとめておられるなら、友があの世に行ったからといって、貴方が霊的大地震を受けるなんて、そんな軽信に惑わされて危険におちいることは、夢々ありません。もともと超自然なんてありません、すべてが自然です、すべてをしろしめすお方、それが神です。

# 第二篇　ステッドに宛てた音信

# 1、境界を越えて後

（ジュリアは他界後五年間にわたって、私宛に通信を送って来たが、主として私との個人的な問題が多かった。この二年間は、あちらの世界でのジュリアの生活についてはー切質問もしなかった。それは彼女が次のように語っていたせいでもある。即ち、こちらに来て日も浅いのに、あれこれこの国のことを述べるのは僭越であること。旅行者がある大陸に着いて、いきなりその大陸のことを語るべきではないということ、理由はそういう事だった。ところが、一八九四年の末に至り、ジュリアから通信再開が告げられてきた。以下その通信であるが、文中、処々《ところどころ》に私の意見が挿入されている。これは私が通信の自動書記中、ふと質問したこと。また自分の思いに浮んだこと、これである。カッコ内に記したものがそれである。）

以前死の直後のお話をしましたね。あれから私、こちらでいろいろたくさんの人達とお話ししまして、知識はもっと広くなりました。私は死の時、少しも苦痛を感じませんでした。私は誰でもそうだと思い込んでいたのです。ところが、時には気の毒にも死の時に、大きな苦痛や恐怖を伴うことがあるのです。それが長時間にわたることも、ほんの少時のこともあるのです。たとえば、封筒を開いて手紙が出て来る、ほんのそれだけのこともあります。死の時も子供の出生に同じで、長く苦しむ時と全くそうでないことがあるのです。なぜそうかについては一向に分かりません。人によりけりで、ある人にはそれがなく、他の人には理由はともあれ、苦痛があることは事実です。要するに、霊と肉との分離はほんの一時のことにすぎません。準備をちゃんとしている霊には、驚くことなどみじんもある筈がありません。

霊が肉体を離れる時は、赤ん坊が生まれる時と同じで、全く裸体です。私もその時そう感じました。私が気が付いた時、自分の死体の傍にたっていました。そして、それでいて今までどおり肉体で生きていると思っていました。そのうち自分の死体がベッドに横たわっているのを見て、これは何かおかしいと初めて感じたのです。その時、自分は裸体だと思ったのですね。するとたちまち自然に必要な衣服が身に備わりました。こちらの世界では、思想は創造力でして、物を思うとたちまちその物があるのです。私は自分で衣服を着たわけではありません、必要だと思うと、必ずその必要が充たされるのです。私が初めてこの天界に来ました時は、恐怖というよりも、遥かにも来たもの、そんな感じで、また奇異な感も抱きました。初めての土地に来ますと、不思議とか、悪い妖怪もいるのではの感をふと思うものです。そんな時、前に申しましたとおり、神は愛によって新しい霊に保護の天使を遣わしてくださいます。

私の調査によりますと、右の愛の天使は、救われる人も救われない人も何の区別もせずに、等しくこれを迎えてくださいます。救われる人は天使の導きを得て便益を受け、天使の姿をちゃんと見ることが出来ます。しかし、中にはその存在に気付かず、天使がこれを引き寄せようとしても、姿は見えず声は聞こえず、それに触れることもないようです。こんな孤独な霊は、たとえ主の姿が見えなくても、主の方ではこれを何とかしようとされます。こうして愛を知らない生活がその霊には続き、その霊のもつ罪汚れが清められるまで、その霊は苦しみます。

罪が罪であるということは、神を見ないということです。罪の罰とは、この愛の天界に罪人が入った時、愛のない霊はたった一人ぼっちで闇黒の中に入って行くということです。もし自己改善の思いが湧くまで、その心に愛の思いが湧くまで、その状態が続くのです。その霊に漸《ようや》く愛の心が起こると、神の方に向かって立ち、闇の中に愛の光を望見し、自分がこれからそういう雰囲気の中で生活を始めるのだと、納得がいくようになるのです。右についてはいろいろ述べたいことがあるのですが、今日は次の事だけ申しておきます。たとえ心に愛が無い霊が当界に入る時でも、全く愛に満ちた霊が当界に入る時とほんとは同じように、歓迎を受けるということです。ですが、心に我欲をもつ霊は、心が真暗ですから、実はその暗黒を嫌がって恐れおののくのです。こちらでは地上とは比較にならぬほど想像の力がものをいうのです。ですから、罪人は暗く沈んだ所を見ると妖怪を想像し、もうその居る所ある所に幻影がひしめき取り囲んでいる思いをするのです。それだけならいいのですが、自分が痛めつけた人達の姿が目に入って、いたたまれない恐怖にのたうつのです。人が心の底から救い主を願望する時とは、自分の犯した愛のない利己的行為を、心に画き思い出して、その姿を目のあたりありありと見ておののく時です。

他界して初めて一人でこちらの世界に立つ時、人は決して地上に戻りたいとは思わぬものです。その第一印象は新しい世界についての奇異の感、遠大の思いです。私は初めて目を覚ました時、先ず目に入る物が不思議で、それでいて同じ物を見ている、そんな驚きの感じでした。でも、帰りたいとは一切思いませんでした。人の心は一度に幾つもの驚きを受け入れないのです。先ず最初は右に述べた衝撃です、その後で友人達を思い出します。私は私のベッドの傍に立っている看護婦を見ました。そして話をしかけたのですが、一向に話が出来ない事を悟りました。こうして私の前途に新生活が始まったのです。

ステッドの質問「貴女は地上の生活に帰りたいとは思いませんでしたか」

私は一瞬も肉体に戻ろうなどと思いもしませんでした。肉体とは、霊が思いのままに振舞い生活したいと思う時、何とも貧弱な代物なのです。もし望めば地上に帰れるとしても、帰るなど真平です。それは大損失で得るところは何もありません。いま私に出来ないことは肉体にだって出来ないし、それに、私が今たのしんでいる微妙でさばさばとした、それも一層真実感に充ちた幸福、それは肉体に戻ったら、たちまち失ってしまいますもの。

ステッドの質問「地上の友人達と別れ別れになることをどう思いますか」

それはね、本人にとっても地上の友人にとっても、共に損失ですよ。特に地上の友人達はその事をひどく歎き悲しみます。しかし、これを損失というのは本当は真実ではないのです。死者は前よりもずっと遺族の近くに居て、彼等に助力しているのです。もし死亡によって物質上の損失が及ぶとき、たとえば、家族を支えている父親が死んで、子供等が飢えに泣き、または一家が散りぢりになって施設に収容されるようなことがあれば、人はこれを悲惨と申します。それは一面から見ればそのとおりです。しかし、これを当界から見ますと、深甚な違いがあるのです。第一、このとき神の愛が格段に光り輝いて働くのです。第二、地上での出来事はほんの一時の事にすぎないのです。第三、貧苦は人間の性格を練磨し、愛の心を発達させます。これらの事は、とても損得勘定一点張りの地上の皆さんからすると、当界の判断は全く違っています。

このように私共の視点は全く違っています。貴方がたが非道だとか残酷だとかおっしゃること、これを私達から見ますと、それこそ実は神愛の顕現に外ならぬと見えるのです。神は愛であること、これを私共は承知しています。

それで、最小の愛と思えること、それは人霊を神愛と同型に創りあげるための、必要最小限度の苦痛であること、そう私共は存じています。貴方は余のことは何を疑ってもよい、しかし神が愛であること、この一事だけは忘れてはなりません。そもそも宇宙の雰囲気とは神愛の発露なのです。こちらに永くいればいる程、その事が疑うべからざる事実であることを知るのです。太陽は輝き、その光は天に満ち、誰ひとりこのことを疑いません。神は愛、その愛は宇宙に満ちている、私共は誰ひとりこの事実を疑いません。人は雲がかかっていたり夜があっても、太陽の存在を疑いませんね。そのように私共は、罪や醜悪のあるところ、神が現れずとも神を疑いはしません。

友よ、神愛は遠大無辺、万有を覆って限りがありません、これが私共の存念です。その思いの片鱗をでも貴方にお伝えしたいと思いつつ、舌足らずで言葉いやしく、意にまかせぬことを恥じ入ります。友よ、天国とはこれです。貴方がもしこの思いを抱かれれば天国はそこにあります。要するにですね――神は愛です、愛が神なのです。そうして天国と申しますのは、その完全な実現を申すのです。

（一八九四年十二月二十三日受信）

何もかも新鮮です。と言っても、びっくりするような地上と瓜二つのこと、そして全く別のこと、いろいろなのです。たとえば、こちらで初めて目を覚ました時、気が付くとそれは地上とそっくりなのです、周りには見馴れた壁や絵や窓やベッドがあるのです。唯一つ変わっているのは身体なのです。私は肉体を脱け出して真直ぐ立ち、自分の脱け出した肉体を見て、どうしてこうなんだろうと驚き、もう自分は自分ではないのだとまた驚くのです。そこで、これはてっきり何事か起こったと気付くのです。ただ違っている点は、天使が傍に居ることです。本人は一向に変わりなく、意識も記憶も性も以前のままです。私は地上では女でした、今でもやはり女です。少しも変わらないのですね。

前に申しましたが、指導の天使が迎えてくださったとき、天使には翼があったのですが、あれは通例のことではないのです。私達だって、希望すれば翼が着けられます。霊が何か行動する場合、器具などは何の必要もないのです。私達はそこへ行きたいと思えば、直ちにそこに居ます。ですから翼は何の必要もないのです。ただ、地上に心が未だとらわれている霊に、多少天使の威厳を感じさせるために、そうしているだけです。私達にはもう汽車など必要ありません。それと同じです。ですけど、やはり天使が翼をお持ちの姿を見て嬉しかったのです。それは、かねがねこうだろう、こうあって欲しいと思っていた事とそっくりだったからです。思っていた事と違っているよりも、ずっと安心できたのです。

指導天使がお出になって、初めて私に話しかけられた時、そのお声は神威に満ち、力強くてそれで優しさに溢れていました。私は全然その音調に感動させられました。だのに、そのお声は決して初耳とは覚えなかったのです。それはその筈です。私はその姿を見たことはなかったのですが、天使は、私の地上生活中ずっと私と一緒に居らしたのです。自分では天使を自分の身の一部のように感じました。ですから、初めは天使を女性だと思っていたのです。天使が来いとおっしゃると、私はすぐに行きます。それは自分の本性から出た、自然の応答のようなものです。誰にもこれはこうなのです。ですが、天使は私達を教導しておられます、万人がそうです。天使は私達が気付かず、その姿は見えなくとも、私達に善行をすすめ、悪業を避けるよう仕向けておられます。私達の思想の中に、天使は入り込んでおられ、私達の方ではそれを自分の霊の発揮だと思いながら、実際は天使の警告を受け入れているのです。私達は自分以外から、こうした霊の鼓舞をたえず受けています。

この守護天使はいわばもう一人の自己なのです。つまり、自分の人格の一層高等な、一層純潔な、一層進化した部分なのです。難しく思えても本当なのです。天使と申しましても、善いものと悪いものとがあります。悪天使とは暗黒の天使です。この悪天使はいつも私達の傍に居て、肉体を離れる時にもそこに居るのです。私達はたえず善い指導と悪い指導の間をさまよっております。生前は、この悪天使のことを知らず、ただこれを刺戟といい、気まな欲望といい、執着などと呼んできましたが、当界に来まして、初めてそれがどこから来るのかを思い知った次第です。

霊が肉体の衣を着けますと、もう周囲の無数の霊感をほのかに聞くだけで、その正体を見ることは出来ません。驚くべきことですが、肉体とは、五官とは、物を見たり音を聞いたりするだけではないのです、逆に見ることを遮《さえぎ》る役目をしているのです。地上での私達は丁度馬が目隠しを付けたようなものです。私達は何故かと申しますと、私達に周囲にある事物を見せてはいけないのです。私達の物質に向ける意識が発展するためには、死んでから入る霊界の現実を遮断しておかねばならないのです。だから、死によって私達が目を閉じるということは、逆に目隠しをとるということです。以上、私が経験した感官に関する変化です。

以上でお分かりのとおり、私達の善意の感覚、直感、ああしたいこうしたいの志望、その出所が明らかとなります。私達は四六時中いろいろな善悪の霊に取り巻かれ、その声をあたかも自分自身の声と思い込んでいるのです。霊はもとより一人一人が別です、しかし霊は孤立せず集団となります。私達もその団体の一員ということです。以上は、霊の場合と同じく肉体の場合もそうでしょう。

前述のように、悪霊の実在は確かなことです。私達は悪霊を見ても恐れはしません。それは、私達を守ってくださる神は、悪霊などよりはるかに勝《まさ》って強大だからです。神は愛です。愛とは恨みつらみ等よりずっと強力なものです。悪霊が力をもつのは、私達の恐怖心、及び不信仰によるのです。私達と共にいつもある守護天使、または愛である神を知っている者に、悪霊は無力です。私は当界でたくさんの悪霊を見たわけではないので、人から聞いた知識も加えてお伝えします。

こちらに来まして、初めて身を動かした時、今までの習慣で歩行を致しました。私の指導霊は私の傍について歩いてくださり、私達は霊と人間がまじり合って動いている世界を見ました。最初私の目には何が何だか分からず、全部が現界の人間のように見えました。ですけど、霊は物体の中を突き抜けて行き、肉体人間はそれが出来ないのです。その時指導霊にお伺いしたら、彼等霊達も、私と同じように物質界の生活を終わってこちらへ来た者だとの事でした。その彼等が、地上人そっくりに歩行したり、また天使達のように猛スピードで行き来しますので、もう一度質問しました。指導霊は「左様さ、彼等は思いのままに行動できるのだよ。速く行くのもゆっくり行くのも、全く自分の精神次第さ。」と答えられました。その時、私は彼等に出来るのなら私にも出来る筈だと思いました。そう心の中で思っただけで、口には出さず指導霊に問いますと、「貴方にだって出来るよ」と答えが返って来ました。そこで私は質問を重ねました、「私が行きたいと思う所へ、彼等のように行けますか」と。指導霊はニコリとされ、「貴方の好きなようにしましょう」と返事されました。こうして、私は初めて新しい行動の自由を経験することになり、地球は見る見る私の足下に小さくなっていきました。

私は大速力で空間を進みました。進行中はそのスピードを身に覚えなかったのですが、ある所まで来てストップして、初めてその速さに気付いた次第です。私共が休止した所は、全くこの世界ではなかったのです、私共はもうずっと地球を離れて——。

今日は一八九四年クリスマス当日、私は只今空間を疾走しています。私はその進行を殆ど感じていません。私共は思いのままに走りました。もう何も見えなくなりまして、ですから時間とか距離とかは何の標準もないのです。あるのは唯私と指導霊だけです。こうしてとうとう私は地球からずっと遠くへ行きました。その距離など到底私には測れません。だいたい、何処へでも行ける者にとって、距離は問題にならないのです。貴方がたが夜の大空に見る星のキラメキは、私共には、丁度村人があちこちに火を灯した、村の人家を見るようなものです。私共は思いのままに行動し、何処へでも行けるのです。

当界に来ても一つ欲望があります。それは減るどころか一層強くなる知識欲です。こちらでは学ぶことがたくさんあります。ですがそのための便利は至れり尽くせりです。私共がこの世界にあるすべてのことを知り尽くすのは難しいでしょう。神の英知は驚異に値し、到底うかがい知れないものがあるからです。ここが終極と思える所に到達すると、また新しい驚嘆すべき展望が前途に開けてくるのです。そこを過ぎるとまた未見の驚嘆の世界が前途にあるのです。将来進歩を重ねれば、そこは見えるようになりましょう。

私共の意気を圧迫するものは――もしこのような言葉で言うなれば、到る処私共を包み込んでいる宇宙の無限です。上を仰ぎ下を見、宇宙は止まることなく永劫の展開をなしつつあります。何か問題を究明しようとすれば、そのぶん奥は極まりなく無尽です。

指導天使との旅はとても長く、その距離など到底分かりません。私が願えば天使は先に立って案内なされました。それは飛行ではなく、思想の送達です。私が後を振り返れば、進行をゆるやかにされます、それは私に距離の観念を与えるためです。現在の私の進行は一瞬間に到達する方法をとっています。当初は次第に進行を速くし、歩行から空中滑走のような具合に移り、楽なものでした。丁度飛行船にでも乗ったようで、世界は次第に眼下に沈み後へと去り、こうして何の標識もない空気かエーテルの空間を進行しました。指導霊は私より少し先を進まれ、私はいささか恐れたのですが、指導霊はそこにあり、力強くまた自由快活な御姿に勇気づけられたのでした。皆さんは、肉体をお脱ぎになるまでは、とても肉体が牢獄であることはお分かりになれない。私は今、非常に健康で、自由であり幸福に満ち、踊りを踊りたい気持ちです。

ステッドの質問「さて、涙の中に後に残した人達についての感想は？」

実は、後に残した人達のこと、旅立ちの間中、少しも心にかからなかったのです。あの方達はみんな何も案ずることなかったし、遠からずあの方達も当界でまた私と一緒になるのですからね。新しい感動で胸が一杯で、過去の生活の心配事も何もかも念頭に浮かばなかったのです。貴方はそれはけしからんとおっしゃるかもしれませんが、私はありのままをお伝えしています。貴方もこちらへいらしたら、初めはきっとそうですよ。それは決して悪い事と思いません。もしそれがけしからぬことなら、私は決してそうしなかったでしょう。

旅立ちの間の話は簡略にすぎました。もう頭の中がせわしくて、ゆっくり考えている暇もなかったのです。ただ、事ごとに見るものふれるものに、新しい印象を受けたのでした。こうして一つの世界に到着した時、「此処《ここ》はどこですか、天国でしょうか」と尋ねたところ、指導霊は「お待ちなさい、別の霊が来て答えてくれますから」と言われました。此処は見るもの聞くもの喜ばしく、空気は丁度初夏のようで、花咲きみだれ馥郁《ふくいく》たる香りを放っています。此処は——そう、私にとっての現実世界——地上に似て、それでいて違ったところがあるのです。それは調和、そうですね。静かな平和と充ち満ちた愛の雰囲気、それに包まれているのです。喜びの色があって静かな微笑みが流れている、それが此の地の背景です。ああ待って、思い出したわ、私は余りこまごま話してはいけないと言われているの。

# 2、他界での生活

（一八九五年三月十日受信）

いつぞやの通信で、私が友人達を訪問したお話をしましたね、覚えておいででしょう。その折はとても愉快でした。ただ、ちょっと奇異な感じを受けたのです。友人達は別れた時と同じで、甚だ親愛の情に満ちていたのですが、ちょっと違ったところがあるのです。彼等に最後に会った時のような、苦痛や悲しみの色が痕跡《あとかた》もないのです。彼等は霊的に成熟していました。私は彼等の傍にいるとまるで子供のようでした。だけど彼等は少しも傲慢でなく、一層もの知りになり、愛深くなっていました。私の指導霊は私を彼等に渡すとこう申しました、「ジュリアには、いま貴方がたが与えてくださるものが必要なのです」と。

友人達が第一に私に教えてくれたことは、霊界の知人を訪問することでした。これは誰にも与えられる教示で、私も例外ではなかったわけです。人が死んで初めてこちらで目を覚ますと、生前愛した人や、仕えた人達に取り巻かれています。時には私のようにその間に多少の時間を要することもありますが。その理由は後で述べます。ただその時間は僅かなものですが。

私が当界に来た時は、まだ年令もさほどでなく、ですから特に親しい人達の中に故人となった人はいなかったのです。もしエレンでもそうだったら、私は真先にエレンのことを思ったでしょう。そうしたら、エレンは天使と一緒に私を迎えてくれたでしょう。でもそうじゃなかったので、私の心はまだまだ地上世界と人々に向いていたのです。他方、新世界については、誰か故人に会いたいなどの気持ちより、珍らしさと驚異の念で一杯だったのです。ですから、天使は一人で出迎えてくださったのです。またこのために、空間の長旅が必要だったのでしょう。

友人達を訪ねますと、もう大分前に他界した親戚の者や知人達が五、六人いました。その中に私の小さな妹がいまして、とても愛らしくまた親しく思われました。もう二度と会えないと思って別れた妹が、昔の幼い姿のままで立っているのです。それは、私が妹を見違えてはいけないと思って、わざわざ幼時の姿で現れたのです。その後私がこちらの生活に馴れますと、妹はすっかり成人した婦人の姿で現れるようになりました。このようにこちらでは、一時の目的のために、姿を変えることは難しい事ではないのです。これは思想の働きなのです。人は絵具や大理石で芸術家となれますが、自分の実際の形姿を表現するにも、その腕が発揮できるのです。

妹は私に接吻しますと、手をとって、親しい人達が再会する場所に私を連れて行きました。そこには友人達が待っていまして、とても皆親切で、愛情深くいろいろな事を話してくれました。一番不思議なことは、皆がみんな殆ど昔のままな事です。死んで天使や聖徒になったわけではありません。私にしてもとても聖人になったわけではありません。死の初め私は驚きで知覚を失いました、知覚が回復した時、しぜんに自分の個性が戻ってきて、昔のままだなと思ったのです。ただ違ったのは、前よりずっと元気になって自由を感じたことです。活力がずっと満ちていて、特に私は病気だったので、もう二倍も三倍も楽しさを覚えました。それにいらいらした気持ちがなくなっていて、心の大きな安らぎを感じました。

と言っても、私が聖人や天使のような気分になったとは思わないでください。生前だって今だって、そんな風には思っていません。友よ、まだまだ夢想もできない高い高い処へと私達は登らねばなりません。愛の深さも無限であって、その深淵はとても測ることは出来ません。神の愛を知れば知るほど、それが分かれば分かる程、神の愛と自己の貧しさとの差が見えて、失神せんばかりです。

私達が短気を起こさないというわけではありません。でも、私達は道徳ないし心霊の療養院のような処に居るのでして、どんな病気をもってこちらへ来ても、みんな治ってしまうのです。それは素敵な気候の地方へ行って病気がケロリと治る、そんな風に考えてみてください。こちらでの生活のオゾーンは愛です。友よ、貴方がもし深い愛をお持ちになれば、その貴方の居る処が天国です。神は愛です。神は愛、この言葉よりもっと大きな真理はない、そう信じてください。

天国と地上とどこが違うかというと、その最大の点は、天国にはすぐれて多くの愛があることです。人の胸を高鳴らせる愛があれば、地上は一歩天国に近付くのです。愛の種類については今は申しません。それについては以前に話したことがあります。いま私が語りたいことは、人は自分の我《が》を捨てて、他者の幸福のためなら、どんなに自分が苦しく辛くても、かえってこれを喜びとすべきこと、愛する人のためなら、自分のための最大の喜び以上にこれを愛すること、これが世界を征服する愛です。罪とは愛がないことです。愛があれば悲しみは喜びに変わります。人は他者を愛することが余りに少なすぎます。愛するが故に苦しいなどと言いますが、その苦しみの実際は愛が少なすぎるから苦しく思うのです。

人と別れて、また誤解がもとで、愛する人を失った時、意気消沈し生活も暗く、もう生きてる心地がしないと人は言う。その苦しみその暗さ、それは愛してるからでなく、むしろ愛してないからなんです。それは空しい苦しさなのです。それはその人の生活に残された欠陥なのです。貴方が、愛は世界を変える魔法使いの杖であることを理解しないうちは、未だまだ人生の秘訣を会得したとはいえないのです。世界が変わらないというのは、貴方の愛が足りないからです。貴方が恋人へ向ける愛のように、すべての人をも愛するならば、また、その恋人に奉仕をして自分が喜ぶそれ程にも、人へも愛を向けるなら、貴方は空しく苦しんだり落胆を味わったりすることはないのです。その時、人生の苦しさは去り、生きることは少しも重荷にならないのです。友よ、私の言う言葉を信じてください。私が貴方に伝えてあげられる、これ以上もない言葉は次のことです。即ち――天国の公然の秘密は愛である、地獄は恨みそして憎しみである。人が愛するほどに、神はその人と共においでになる。神とは愛、愛のない人は神がないのである。

私が初めて当界に来て友人達と話をした時、随分と私がびっくりしたことを彼等は言いました。たとえば、私が行きたいと思えば、地上の知友達のもとへ行けるから、別れの悲しみは存在しない、私達の目には地上の友人達の姿は透明な霊に見える、こう言ったのです。ですから私が、「だったら死は存在しないじゃありませんか」と言うと、彼等はゲラゲラ笑って、「勿論そうですよ、死なんてものは私達にはありません。死とは地上の人達が感じる喪失感、分離感でして、人生の一つの出来事なのです。死とは地上人の出来事で、私達に死はありません」と。ほんとかしらと私は思って、では試してみようとその時思ったのです。で、早速地上の友人達の処へ行きました。初めミネルヴァの処へ行き私の姿を見せようとしましたが、二人とも私の声を聞こうとしませんでした。その次、エレンを訪ねました。ですけど、二人とも私の声を聞こうとしませんでした。そこで私は帰って来て「いいえ、やはり死はありました。彼等は私の声を聞かず、姿を目にすることも出来ませんでした。また私が手でさわっても、それが分からなかったのです。」こう言いますと、友人等は「肉体に死があるのです。肉体をもっている人間は死を感じるのです。彼等だって、睡眠中とか、中には目が覚めてる間中にも、死んだ霊と話が出来るのですよ」と、こう答えました。で、私もその後、その事が本当であることの実験をしました、それは貴方も御承知のとおりです。しかし、そうは申しても、時には精神が物質の中にのめり込んで、また世事に余りにもとらわれすぎて、そのため睡眠中に霊が解放されても、私達を見ることが出来ないことがあります。でも、多数の人達は思いのまま、友人の霊と対話が出来るのです。稀には、その記憶を肉体感覚に残すこともあります。でも、元々肉体感覚とは鈍感で感受性が駄目なものなのです、それは丁度、睡眠中の肉体が、その周りの人達を見ても分からないのと同じことです。

（一八九五年三月二十二日受信）

ミネルヴァやエレンとの通信の試みは失敗に終りました。私は少し悲しくなり、がっかりしたのです。勿論、こちらでは元気で、どこへだって飛んで行けますから、それはそれで楽しいことなんですが、私の大好きだった人達との、本気で力を入れた計画がうまくいかなかったのですから、その事が悲しかったのです。すると、私が当界へ来たとき迎えてくださった天使が、私を主の御元に連れて行ってくださいました。それはもう美しさの限り、栄光に満ち充ちていました。私その時は少しも主にお目にかかれるなんて思ってもいませんでした。急にあたりの風光が燦然《さんぜん》とした天国の光に変わり、主が私にお話しなされるまで、私少しもそのことに気付きませんでした。それはきっと見るもの聞くもののすべてが、余りに自然的だったからでしょう。それに、思いもよらない事実だったので、いっそう気付かなかったのですね。

（一八九五年三月二十三日受信）

話を前に戻して、私が当界に来てからの経験を、順を追ってお話ししましょう。こちらへ初めて来ました時、充ち満ちている愛の光に、もうどうしてよいやら分からない程でした。地上でもたくさんの愛を受けはしました。でも、それは身につけた衣類程度のもので、こちらの愛の大きさに比べたら、見る影もなく消え失せました。この愛から、私達ひとり一人が、生まれてこの方どんなに大きな能力と、思いも及ばぬ力を受けていたか、これを思い知りました。それは愛と呼ぶほか呼びようがありません。神は愛です、愛が神です、神の持ち給う秘密の力も愛です。私達人間も神性です。つまり、私達が愛を抱く時、抱いた程に私達は愛です。私達は愛すれば神に近付き、愛しなければ神から遠ざかります。もし貴方が誰にも同情しないなら、相手の罪にも同情をもてぬわけで、神からも遠いのです。神は一切の上に住み給い、また神のすべてが愛なのです。憎しみと不親切では、神の望み給う事は何も出来ないのです。もし、私に、貴方をこちらへお連れして、あるがままをお見せ出来たら、愛の人は生き活きとしていて、愛のない人は死人同然なのです。愛のない霊は神から離れます、外の暗黒に置かれます。世界を救うただ一つの方法は、愛をもって世界をひたすことです、極悪の人をも愛することです。罪があるからといってその人を嫌ったのでは、その人を罪から救うことは出来ません。どうぞ私の言葉がぶしつけでも、御許しください、これが真理なのです。この外に私が貴方にお伝えしても、それはみんな外被です。お話ししたこと、それがすべての核心です。

私が前にお話ししました、主にお会いした時の、あの喜びと驚きの状態から我れに返った時、何と申しますか、主の余りの謙遜な雰囲気に恐れ入るばかりでした。威光とか威圧とか荘厳とか、人の心を恐れかしこまらせるようなものは少しもなかったのです。主が私の心にお残しになった印象は、限りない愛の誘引でした。それに、その愛とは私への個人愛なのです。嫉妬の感じ、そんなものみじんもない、主は他の個人を愛されるように私個人を愛されれ、私からの愛をもお望みだったのです。そうでなければ、私も主も完全ではございません。(あら、貴方は私の言葉が神を汚していると思いましたね、私も一時はそうだと思いました)でも、理想から申しますと、不完全がないとは言えません。私達こうして生命を受けて、生きて動いています、その主に対して、人みんなの心臓が一つの調子はずれもなく返愛の唯一つの調子で鼓動しない限り、私達の神に対する思想は未だ完全ではないのですもの。

(一八九五年三月三十一日受信)

友よ、私は喜んで音信を続けるつもりです。貴方は忙しすぎます。ですから、貴方がご希望の通信がいつでもお伝えできないやもしれません。

人の人格とはとても大切なものです。貴方がたは人格を無視したり、その価値に気付いてもいませんが、本当は、私達が当界に来て分かったように、分かっていなくてはいけないものです。

こちらへ来てびっくりしたことですが、その一つは、人間があけすけに見えることです。勿論、すべての者にその力があるとは申しません。しかし、肉体の外被がなくなって、霊魂がむき出しになると、本人の持っている性質がそのまま丸見えになるのです。この場合、その性質というのは人格なのですね。むき出しなんて俗な言葉ですが、ところがそのむき出しが、当界では大変な意味をもつのです。いえいえ、貴方がどんなに想像をたくましくなさっても、到底この事実の深刻さは分かっていただけませんわ。とにかく価値があるのは、ただ一つ本人の人格だけです。その外の財産、地位、職業たとえ牧師の聖職にしても、何の意味も価値もないのです。地上では尤もらしい思想とかうまい弁舌とかが、人を驚かし動かす力のように言われますが、あれは嘘っぱちです。

私達は物事の本質を見て、そのレッテルは見ません。私達は事物の本質が丸で違って見えるので、驚くことが多いのです。人物の見方が今までと裏腹になるので、もう一度見直さねばなりません。私の音信の第一は神は愛でしたね、愛の人は神と共にある、こうでしたね。私の音信の第二は人を裁くなかれ、これです。だって、人の目は見えないのです、節穴なのです。それは丁度、暗闇に立っている子供が、スクリーンに映し出された白黒映画の映像の色を、勝手に考えているようなものです。色を見ないで、皆さんは勝手に色をきめつけているのです。ですから、人は相手の本当の姿を見るまでは、人を審《さば》いてはいけないのです。

貴方がこれは最悪となさっても、最善のことが随分とあるのです。一見最善に思われても最悪ということがあります。動機がすべてではないにしろ、それはとても大事なことです。ですから、動機が分からなければ、ちゃんとした審判は出来ないのです。私は随分とこちらに来てから経験を致しました。私は当界に来て間もなく、地上でもっていた区別差別をすっかり捨ててしまいました。今になって思えば、私は、誰それは信心をしているかどうか、どの教会に属するか、そんな事が問題でしたが、今ではそんなこと着物の付属品程度のことで、何の意味もありません。私達、教会など問題に致しません。誤解があってはいけないのでちょっと申し添えます。信心があるかないかが大切でないとは言いません、それはそれで大切なことです。私の言いたいことは、誰それの教会関係が、信心の深さや良さの決め手にはならないということです。それは愚かなことで私達はそんなことは致しません。大事なことは愛なのです。教会関係でその事は判断できません。その人がどれ程愛に生きているか、それがその人の宗教心の深浅を示すはかりです。また、恨みつらみとか、冷淡さ、これはその人の宗教心の無さを示すものです。愛とは、丁度太陽の光が闇を駆逐するように、人間の利己心を駆逐するものです。神とは実に、人間の生活のあり方の中においでになります。これが私共の見解です。神は暗闇を照らす光です、愛とは光です。この光を遮る扉、それが何であろうと、また愛の光を取り入れる窓が何であろうと、私共は窓や扉の形についてとやこう論議は致しません。最大の光を取り入れる窓、それが一番良い窓にきまっています、単純なことです。では、どの窓が良いか悪いか、それをきめる光は何処にあるのでしょう。生命の光、それが愛です。愛は神です、神は愛です。ですから愛のない人達は、外の暗闇に、死の谷間にいる人達です。罪というのは神のない生活、つまり愛のない生活です。人がよくここに思いをめぐらし、考えていただくなら、利己心から出た愛とは愛ではなく、相手を害するような愛は愛でなくて残虐だと、お分かりいただけましょう。一時の悦楽のために、相手の幸福を犠牲にするようなものは愛ではございません。すべて愛は多少の自己抑制を伴うものです。そのことは神に対する愛だけでなく、異性に対する場合も同様です。自己抑制は先のことまでよく考えてみる者に湧いてくるもの、真実の愛とは、すべてのことの中で最も明智なのです。

（訳者注）ジュリアは、早くよりステッド氏に、霊交の事務所を開設するよう強く要請してきた。たとえば、「いま幽明両界にわたって必要なのは交通局です。貴方は信用できる一～二の霊媒を使って、事務所を設置しませんか。それは悲しんでいる人に、一度でもいい、死者は以前よりもっと近く貴方の傍に居ると分からせてあげられたら、どんなに素敵でしょう。当界では大喜びで協力しますよ」というものだった。結局、ステッドの多忙などでこれは実現しなかった。（下記の通信も、再三その開設をすすめているものだが、その中から、参考になる部分だけを断片的にご紹介する。）

（一八九六年九月十八日受信）

物質生活を終わってこちらへ来たからといって、自分の判断や思うことで間違いをするのは、皆さんと同じことですよ。これは神様でない限り致し方のないことです。肉体を脱いだからといって、すぐ間違いをしないようにはならないのです。ただ、私達は貴方がたに見えないものが見えたりします、暗黒から光明へ、無学から知識へと進歩をつづけています。ですから、私達は貴方がたの手助けをしたいとか、よい方へ導いてあげたいとか思うのです。といって、皆さんに何か指図をしようというのではありません。自分の思うことが皆さんにお分けできれば、無上の幸いなのです。といっても、神様のような知恵でもありません。単に、肉体を脱却して、いま、愛と光の天界に入って眼界を広くした、そうですね、皆さんの友人の思想、それだけのことですけど。

（一八九六年九月十九日受信）

私が心から貴方に申したいのは、再び黙想を始めることです。貴方は多忙すぎて、万事につけてあわただしくしておられる。こんなことでは、一日の中わずかの時間でよい、神や私共と一室にこもらなければ、どうして愛である神と貴方との間の扉を開いておくことが出来ましょう。ああ友よ、貴方は毎日夜更けまで生活のことに没頭しています。そんなことでは到底、他界からの声は貴方のお耳には届きません。ですから、どうやって貴方は霊的知識の点で進歩できるだろうと、ただただ驚いています。これをたとえてみれば、寄宿舎の女生徒が、掃除に追われながら、高等数学を研究するのと同じことです。友よ、大事なことは、使えばすりへってしまう些細な世事から、時に心を切り離すことです。

現世が必要としているのは、考える時間、黙想の時間、祈りの時間、これを一言で言えば、神と永遠なる生へ貴方が心を向ける時間です。私達の天界と貴方がたの地上と、これを結び付けるのに何が一番必要でしょうか。また、なぜ私と貴方との事業、霊交事務所の設立がうまくいかないのでしょうか。原因はただ一つです。貴方に時間がないことです。言いかえると、貴方のすべての時間がこのゴタゴタした世俗生活のために消費されているのです。これではどう仕様もありませんね。顕幽間の道を少しでも広くしようとしているのに、いつもいつも世事に追われて全日を費すようでは、これでは、地上世界は他界の一瞥《いちべつ》すら出来ませんね。真実の生活がしたければ、貴方は考える時間を作らねばなりません。少しの時間でもいい、私達の声がとどくよう心の平静を守らなければならない。これは決して新しい事ではありません。今の人は昔の人に比べればこれを忘れ去っています。貴方は少なくともある短時間のあいだ、自分に向かって「静かにせよ」と言い切れるようでなくては、とても私達と他界との連絡所の設置はできませんね。

私達は出来ないことをやれと言っているのではありません。マスコミの人に対して、古代エジプトの神官の黙想生活をせよと言っているのではありません。ですけど、新聞社の人にも、毎日少なくとも五分間くらいは、精神を静めることを希望します。あとの時間は、世界のことに心魂を尽くされたらよいのです。もし毎日わずか五分間でも、精神を静かに保ち、貴方と愛、すなわち現実の生活にも現れ給う神との関係を黙念なされたら、貴方のためにその結果はとても良いのです。また貴方がたが失ってしまった心の光が啓発されるでしょう。

さて、また貴方を中継して、すべての人に言いたいのは次のことです、――貴方は、神について、愛として自己を示される神について、考える時間を定めておくことです。でないと、貴方の生活から神を押し除けることになります。そうして、愛のない生活は神のない生活です。貴方たちに時折必要なのは休憩所です。そこで神のお使いは人霊と交わられるのです。いつも忙しく汽車に遅れまいと走っていては、とても他界の真理を知る望みはありません。もとより汽車に遅れてはいけません。しかし私が切望することは、毎日数分間の時をもうけて、無窮の生命を捕らえ、また少なくともその閃光《せんこう》だけでも瞥見《べっけん》することです。

（一八九六年九月二十七日受信）

私が黙想時間が必要というのは、貴方の霊に近付くためです。世俗的なことや物質的なことは、私達の霊を遮《さえぎ》って包み込んでしまいます。まるで群がる雲と雲との隙間から、チラリチラリと貴方の霊を見るようなものです。もっともっと私達は貴方を見たい。そうなれば、私達はもっと貴方に感動が与えられる。それには何としても貴方に閑暇を利用してもらうことです。ところが、貴方は目的のない黙想は無用だとおっしゃる。私の答えは、私の言う黙想は結果において無意義ではないということです。

貴方に希望することは、もし機会があったら、念珠（ローマカトリック教の珠数《じゅず》）を現代化することです。

祈禱をしないで、また霊的黙想に慣れない人に、神を体感させる方法が必要でして、その方法が一つだけあるのです。「愛のあるところに、神はおいでになる。」この格言ほど真実なものはありません。人を神の前に連れて行くものは、その人が愛を抱くことです。近代のいちばんの悪の徴候は、みんなの心から愛が冷却したことです。およそ生命があれば、そこに愛が不可能ではありません。愛が全くなければ、もうそこに生命はありません。愛は熱のように潜伏することがあるものです。そうして、愛が成長し大きくなることは、生命が発育することです。

それゆえに、黙想時間が大事なのは、そこから愛がひろがって出るからです。これは各個人にそなわる神性に、発芽の機会を与えます。神がもの皆を育てる生成の力は人をとり囲んで包んでいますから、これを犯さずに神性菌を発育させねばならないのです。

思うに、愛思することは祈禱です。貴方には祈禱の時間がありませんか。もし無ければ、貴方が愛する人を念慮する時間をもうけなさい。人を念慮しないときは、その人との緊密な関係を失うことになります。

# 第三篇　ジュリアのお話

# 序

（一九〇八年九月二十七日受信）

貴方も覚えておいででしょう。十五年前に、私はこちらに来てからの新生活について語りましたが、あれは中断いたしました。それはもっとよく知るまで延期したいと思ったからです。今では時がたち、その間いろいろ経験をして、学んだことも少なくございません。そこで皆さまが一番聞きたいと思っていらっしゃる、私が当界に来てからの生活、そのお話の通信の再開をいたします。順序が進めばご質問にも答えるつもりです。この通信は私自身の経験、及び私の協力者たちから集めた当界での生活の知識、そういうことになります。しかし、私とてまだ天界のほんの入り口付近にいるにすぎないので、その知識は限られています。それはそれで、できる限り知るところを簡明に通信いたします。

# ジュリアのお話（一）

（一九〇八年九月二十八日受信）

人が死ぬ時は、場合によっていろいろ違いますが、どんな感じをもつものか、はっきりお話しした方がよろしいかと存じます。前にもこのことは述べたとおりです。死の時は何の苦痛もなく、何のショックもなく、ただぐっすり眠ったあと目が覚めるような感じで、あとは何もございません。私にとっては実に幸福な感じでした。これが普通なのですが、時にはそうでないこともあります。地上からこちらの世界へ来る状態はいろいろありまして、その中で一番普通なのは苦痛のない目覚めです。また第一に抱く感じは、ほっとした安心感と、安らいだ気持ちです。死――こんなに誤解のある言葉を使わねばならないのは悲しい事ですが、その時は思ってもいないわけですから、一般に死者は自分が死んだことが分からず、自分では急によくなったと思っているのです。肉体の苦痛は丁度着物がすべり落ちるように、残った身体と一緒に落ちてしまいます。ですから、すっきりとした目覚めなのです。最初はとても嬉しい感じです。たとえて言えば、悪夢から覚めて、それが夢だったのだと分かったような気分です。死がこんなに簡単で、それに自然なものですから、みんな自分が死んだとは殆ど気付かないのです。私も同じこんな間違いをしたことは、貴方のよくご存知のところです。これは普通誰にでもある経験で、死者は自分が死んだことに合点がいかないのです。本当は本人は一向に死んではいないのです。だって、本人には目はちゃんと見えるし、耳は聞こえるし、あちこち行けるし、機能はみんな備わっているのです。何もかも本人には、今までと何の変わりはないのです。やっと本人が何かの変化に気付きますと、そこでちょっと一種の衝動が起こります。「そうか、これが死というものか。だったら死とは本当はないんだわ」と。それはそうです、死は私達が想像したものとは、まるきり違っているんですから。

人の死後の目覚めは、自分で目が覚めるのでして、人の援助は受けません。目覚めた時、彼は彼であり、彼女は彼女です。幼児が目覚めれば幼児ですし、老人ならば老人のままです。もしそうでなかったら、人は自分の個人性を失って、別の身体に宿ったと思うでしょう。

みどり児が当界へ来ますと、地上ではまだ意識がなかったのですから、地上よりかこちらの世界に生まれたわけです。本人には地上経験というものがないし、その記憶もありません。この外にも、地上の記憶のないある種の人々がいます。

## ジュリアのお話（二）

（一九〇八年九月二十九日受信）

昨日お話ししましたが、人によっては、みどり児と同じように、当界の生活以外は何も分からない人がいます。そのほか永い間無意識のままの人がいます。中には急激な死のために苦しむ人もいます。こういう人達はこちらの世界に入るとき、何も分からないようです。葬式が終わってはじめて気が付き、そちらの人達の姿を見て気付くのです。昔からいつだって葬式が重んぜられたのは、哀悼の意を表するだけでなく、同時に死者に死んだことを気付かせるためです。肉体を離れてから意識をとり戻し、肉体はなくなったのにそのまま霊はその家にとどまり、自分で意識もあるから、死んだことに気付かず、場合によっては、ずい分永く経ってから事実に気付いたりします。死者は家族たちが自分を見ず、語りかけても答えないのを不思議に思い、夢でも見ているのではないかと思ったりします。こんな時、たまたま別の霊から事実を教えられ、目を覚ますのが普通です。もちろんこんな事は、主として他界の存在を知らなかった人、または他界について全く違った想像をもっていた人の場合です。彼等が死んだのにずっと同じ世界で生きてるとばかり思い込んでいるのです。彼等は次の二つの点で死んだことが分からないのです。第一、目に見える外界はすっかり同じままであること。第二、自分の意識はちゃんと続いているということ。それは丁度地上に居た時も夜、寝間着に着替えても、自分は少しも変わっていないという意識を持っているのと同じ事です。私の場合は、自分に何か大変なことが起こったのが分かったのは、自分の身体が横たわっているのを見たことです。それから、看護婦が私の方を見ても、私の声が聞こえず、私の肉体をあたかも私であるかのように、泣き悲しむ姿を見たことです。死にかけている霊が、意識をもったままで、今まで宿っていた身体が動かずにそこにじっとしているのを見ることがあります。霊と身体との意識の切断は（もしそう言えるならば）、普通に人霊は感じることがありません。しかし、人によってはいろんな感じを持つらしいのです。ある人は、霊と身体を結んだ糸が、一すじずつ緩やかにほぐれていくような感じがして、それが永びいても何の苦痛もなかったというのです。そういうことについて私はたくさんの人と話してみたのですが、その大多数は私のした経験と同じようでした。彼等も霊と身体が分離した、正確な瞬間は分からないと言うのです。ある人は、呼吸がまだ終わらないうちに身体から脱け出たと言うし、ある者は、肉体活動が止まっても、しばらく肉体にとどまっていたとも言います。しかし、こういうのは例外で、大多数はみな同じなのです。すなわち、彼等は眠っていた、そうして眠っているうちに気持ちよく目が覚め、初めは死んだことに気が付かなかったのであると。これと同じことですが、教会で危篤の患者が最後の宗式を受けて、死の準備をしてもらったのですが、本人は死んだ事に気付かなかったのです。自分では死ぬんだなということは分かっていたのですが、眠りに入った同じ場所で気持ちよく目覚め、記憶も感覚もすべて前のままとは、思ってもみなかったことです。

それは驚きであり、また錯覚の原因であります。大抵の人は良い気持ちで眠ったと思い、前のままの病苦の中に目が覚めるのを、心では恐れていたわけです。

以上述べたことは、死から覚醒した直後の状況でして、多数の人の経験です。これにはまた例外もたくさんございます。しかし一般に申しまして、死とは健康な、苦痛のない目覚めです。そして、目覚めてからの最初の感想は錯覚、それから驚きです。

# ジュリアのお話（三）

（一九〇八年九月三十日受信）

新しく他界した人に、地上で親しくしていた友人や親族がたくさんこちらの世界にいるなら、そういう人たちがこちらで待ちうけています。特に本人に深く思いをかけ、祈ってくれたりしていた霊は必ず待ちうけています。地上もこちらも同じで、心が離れていれば別離となります。だが、深く心情も精神も結び付いている人が当界にいれば、その人は必ず待ち望んでいます。とは言っても、現実と待つ方とでは差が大きいので、とうの昔に亡くなった人が歓迎に来ても、唯ただ夢としか思えません。最初は驚いたりこういう思い違いをしたりばかりなのです。私のことを覚えていてくれますか、私が当界に来た時は一人ぼっちでした。ですが看護婦との出来事があったので、私の身に何かが起こったことに気付きました。すると天使が来て、私を連れて遠い道のりを経て、親類や友人の処へ連れて行ってくれたのです。私のような例も時折ありますが、場合によっては、霊がまだ肉体を去らないうちに、親しい人達の歓迎の声を聞いたり天使が来たり、天界の音楽を聞くことがあります。こうして肉体を去ってしまうと、人の目に初めて新生活が見えてきて、また聞こえたりして、万事を了解するのです。

いま天使が来て新来の霊の世話をすると申しましたが、場合によっては天使一人が世話をしてることもあります。また、天使が来ないだけでなく、迎えの人が一人もいないこともあります。時には、それよりかずっと不吉な場合もあります。

貴方はこの言葉を聞いてびっくりしておいでだが、時には、亡魂が目の前が真暗で、いても立ってもおれない寂しさと圧迫を感じることがあります、これが地獄です。地獄は決してつくり話ではありません。地獄は自分がつくるものですが、それは確実に待ち受けています。そのことは丁度、自分がつくる天国が確実に待ち受けているのと同じことです。ここで一言注意しておきたいことは、地獄が懲罰のためにあるというのは本義ではありません。私の言葉を信じてください。宇宙の法則とは神です、愛です。ですから、そちらでもこちらでも、苦痛があるということはそこから喜悦が生まれるということです。そうでなければ苦痛はありません。地獄とは偉大な改善施設なのです。貴方は当界に入りますと、自分のした一生の姿を見ます。貴方がしたこと考えたことの全部をです。つまり、貴方は蒔いたものを自分で刈り入れるのです。それくらいならば、当界の方が地上の法律より軽いと誤解してはいけません。貴方にはその深刻さが分からないのです。そちらの世界では犯した罪の大きさが自分では分かりません。地上では罪が隠されているからです。しかし当界では罪はすべて外に現れています。その実情はまさに驚きそのものです。丁度地上で親しかった人が、こちらで待ち受けているのと全く同じことです。地上で憎んだり傷つけたり、人をないがしろにした人がこちらに来て、その被害者を見る時、鞭など一切不用です、ただ「お前のしたことを見よ、これがお前が私にしたことだぞ」と言って被害者が前に現れるだけで罪人は十分に罰せられるのです。

# ジュリアのお話（四）

（一九〇八年十月一日受信）

肉体を離れた霊がこちらに来た時、うまくいかないことがたまにあります。本人が一人きりで吃驚《びっくり》している状況の時ですね。しかし、当界の役員の霊がすぐに、友もなく一人ぼっちであることを発見してくれます。私の場合も、迎えに来てくれた天使は、その役員の方からの使者でした。ですから、一人ぼっちの時間は永くはないわけです。この新入りの霊に対する格別の準備がなければ、その接待係の天使が言葉をかけます。この天使は既述のとおり、その使者のしるしとして翼を付けていることもあれば、付けていないこともあります。死者に死を自覚させるためのてだてのある場合は、問題はありません。私の場合はそういうてだてがなかったので、早速私の知人の処へ連れて行かれました。その知人というのは、余り近い者でも親しい者でもありませんでした。そうでなければ、きっと待ってる人が居たでしょうからね。ですけど、当界に入る人の中、幾百万の男女が、死後も生きているなどということは驚天動地のことなのです。彼らは死は万事の終わりだと思い込んでいたのです。ところが、死は新しい生の始まりだと知って、しばしば激怒する者もあり、指導しても説得しても一向に耳を貸さぬ者もいます。こういう者たちは、自分で次の事を身をもって思い知るまで放任されます。(一)、ここは他界であり、自分は他界の生者であるという事実、(二)、他界には法則があり、進歩向上のためには、それを学ぶ必要があるということ。

多くの人たちが新生活の光明、すなわち愛の放射を浴び、欣喜雀躍《きんきじゃくやく》してこれを受けます。彼等は本来の境遇に入った気分になり、天国に住み神と共に在ることが、嬉しくてたまらないのです。これに反して、きびしい性格の人、我欲の強い人は、次第に自己主義の我利我利亡者《がりがりもうじゃ》たちに近づいてゆき、その姿は陽光燦燦《さんさん》たる世界に顔を向けた盲人のようです。世界は色どり鮮やかに光り輝いているのに、目が見えないためにそれらは無いも同然なのです。それは視神経が破壊されているからです。霊の視神経とは無我の愛なのです。

ですから、これがちゃんとしていれば、神を見たり天国に入ることも出来ます。私の言葉使いは常識に従っています。天国とか地獄とか言っても、随分と勝手な言い方で、幼稚でちょっぴりは本当らしい所があっても、まるで実状を表すには遠く及びません。ですが、はっきり区別して言わないと、人々には到底わかってもらえませんからね。色が濃より淡へ次第に移っていくように、天国から遂には地獄となり、地獄も漸次移り変わり進んでいくと遂には天国になります。その天国と地獄との間には、幾百千万の識別しがたい程度の差があります。この両者の間に、ラザロの例え話にあるような大きな江湾などありません。そこにあるのは境域であり、これらの間を通じる無数の道があります。この道を通って、天界の住人は絶えず牢獄にある霊を導き、神愛の光明の中へと連れて来るのです。私共は愛を説いて、彼らが愛し合うようにとするのです。前にも申しましたが、天国の楽しみとは地獄を空《から》にすることです。盲人の目が開いて、その霊がよみがえる時、そこに無限の歓喜があります。こちらの世界もそちらの世界とは似てますでしょう。ですけれど、当界ではものを見ても、物質の外被のために視力が薄くなる、そういう障害がありません、その点だけが違うところです。

# ジュリアのお話（五）

（一九〇八年十月二日受信）

一般に愛のない霊の運命は悲惨です。しかし失望することはありません。希望がもてない人は一人もいないからです。愛がないために失明の度が深くて、目がつぶれてしまったような人がたくさんいますが、私共は決してそういう人も見捨てません。彼等とて最後には神愛の光明に目を開きます。この光明といってもたくさんの程度の差があります。薄ぼやけた灰色の世界もあれば、天国と地獄の中間くらいの世界もあれば、もう神愛と博愛に満ち完全な霊達のいる栄光の上界もあれば、さまざまです。これらの間で私達は進化しています。この宇宙に満ち充ちた栄光を求めて、その意義を尋ねながらです。

以上までお伝えしたことの要点を記しますと——第一、死は苦痛ではないこと。第二、死からの目覚めは驚きであること。第三、死後も人格は変わらず、世界もそっくりであること。第四、親愛な知友がいなければ死後の目覚めは淋しいこと。第五、上記の淋しい人には天使の擁護があること。第六、死を自覚しない人は天使の擁護を受け付けないこと。第七、愛のない人の運命は——その世界が闇黒であること。第八、他界には待ち受けてる人があること。第九、天国と地獄は次第に連続していて、その間に明確な区画はないこと。

第十、天国といっても無限に差があり、それは宇宙に充満する神愛を知る進歩の程度によること。

次に、新しく他界した霊と、地上に残った人達との関係を述べてみます。貴方は私の場合のことはよくご存知ですが、これは他の人達の場合も同じです。と申しますのは、こちらが話しかけても、相手は一向に答えてくれない、あの不愉快さのことです。私はすっかり元気になっており、愛する人達の間にあって気も確かなのに、相手の人達は私が死んだなどといって悲しがっているのですもの。話しかけてもウンもスンもないし、相手に触れても知らぬが仏なのです。私は友人が亡くなった時の状況を思い出したりしながら、死者が生者のすぐ傍に居ることに驚いています。死者と生者の間には、ガラスのようにこちらからは見えているのに、そちらからは堅い障壁になっていて、人を当惑させ、錯覚させ、ショックを与えたりするものです。新しく他界した人は、蛾がガラス窓に突き当たるように、この防壁に突進したりするのです。こちらからは何の壁があるようにも見えないのに、何の反応もないのです。私が知る限りでは、死の経験とは一般に、第一が驚異です。第二は、自分が見、聞き、触れ合う人と交通できないことに、怒ったり戸惑ったりすることです。一方、相手の人達は私達が見えず、聞こえず、触ったり出来ないので、アッケラカンと平気でいることです。

## ジュリアのお話（六）

（一九〇八年十月三日受信）

今日お話ししますのは、新しく他界した者と、後に残した友人達のことです。他界した者は知友の姿が見えているのに、会話ができないので、居ても立ってもおれない気持ちになるのです。しばらくは、友人達に自分の言葉を聞かせよう、姿を見せようと骨を折るのですが、最後はどう仕様もなくて去って行きます。貴方は人が死んだ時に幽霊が出ることが多いのをご存知でしょう。ですけどこういう幻影は、霊が生者に自分を示したいという切実な願いのほんの一部です。新しく死んだ者は死ぬと直ちに出現を試みますから、随分とその数が多いように見えるだけです。死亡の際の成功率が、死後のものに比して、決して高いわけではないのです。

出現の法則を説明することは困難です。霊の側の出現の熟練とか知識に由るというより、人間の側の透視力とか霊能によるのです。私の場合など、初めは看護婦に、次にはフーディに、その後ミネルヴァに出現しようとして失敗しました。ですが、透視家のブル夫人で初めて成功しました。その後なお数週間努力して、漸く約束どおりフーディに出現することができました。フーディは透視家でないので、私の方で出現の方法を習得しなければならなかったのです。もし約束でもしていなかったら、出現の方法を研究することはなかったでしょう。多数の霊が出現法則を知らないのは前述のような理由によるのです。私の場合は約束があったので、その技能を知っている霊について、どうしたら姿が見せられるか、その勉強をしたのです。それは姿を見せるだけでなく、声も聞かせたい、物質化したいと希望さえしたら、それだって可能だったのです。

あちこち交渉した結果、何度も出現したという霊に会いました。その教えとはこうです、「そのコツは極めて簡単です。簡単だからといって、決して軽く見てはいけません。真剣にたゆまず思考することが大切なのです。――自分が地上にいた時の姿、形、顔付きを思考することです。その頃の肉身の想像画を描くのです。しっかりとこれが心に刻み込まれたら、相手の人間が、心が静まって世俗の煩悩に患わされていない時をじっと待つのです。こうすれば貴方は姿を見せることが出来ますよ」と。やってみたらそのとおり成功しました。

出現については元々人に羞恥心があるので努力が必要です。極めて多忙な人にも、多数の人の前に同時にだって出現できます。ですが、多数の前に出現するには、一層の思念力と、意志力と、協力が必要です。一般に幽明交通の開拓に、多数の人が興味を示すので、これは私共には大いに力となります。また同時に、そちらでもそうですが当界の方にも、こういう出現に疑念をもつ霊も多くいるのです。ですが、その疑念は原因が全然反対なのです。地上での疑念は霊が見えないから起こるのですが、反対にこちらでの疑念とは、こちらからは何もかも見えているのに、そちらの人の目には私共が見えない、そこのところにあるのです。

## ジュリアのお話（七）

（一九〇八年十月五日受信）

もし霊の世界と交通したいと思われたら、彼我《ひが》の間に心の連鎖をつくらないと、出来ません。時にはそういう連鎖がないのに、大努力の末、やっと交通できるということがありますが、これは稀で、百の中九十九までは、霊と人との間を強い心の連鎖がどうしても必要です。このため、多数の人々の前に出現することは難しいのです。もし完全に調和した二人、たとえば双子のような場合には、この出現は実現するのです。一般の通則として、精神的に何らかのつながりのある二人の人がある場合、一方が他方に出現します。このつながりが愛であろうと、恨みであろうと同じです。それは電波をつなぐ線が、鉄線であるか銅線であるか、変わりがないのと同じです。ただ必要なのは両者間の感情のつながりです。

人の前に出現することは、霊界にある私達にとっては、格別に有利な状況がある場合のほかは、容易なことではありません。いろいろ私も出現はしました。最初の二回はフーディに対してでした。その後、物質化の交霊会で、ブル夫人の前に出現しました。そのほか写真師とか、その他の人の前に出現しました。どんな場合にも出現には努力が必要で、またその努力の持続には限度があります。たとえば三十分以上の、長時間の出現には、こちら側でも多数の協力が必要となります。物質化交霊会など、状況が良い場合でも、出現は短い時間に限られます。普通ならほんの瞬間というところでしょう。フーディのため数分間ひきとめられましたが、あれは極めて稀なことです。一般に幻姿は一、二瞬間ですぐに消滅するものです。姿形を見せることはよくあって、これは容易なのです。ですが、これが談話をするということになると、ちょっと困難になります。しかも、それが固形体となり、さわることが出来たり、声まで出せるとなると、これはとても難しくなります。すでに物質化のため多大のエネルギーを消費していますから、発声できる力が残っていることは稀なのです。これに反して、写真撮影の方は少し楽です。光線に反射する微粒子をうまくとらえて、フィルムに感光させればよいのです。ですけど、そちら側で良い条件を作ってくださらなければ、これとて私達には何とも仕様がないのです。ここで良い条件とは、私共が形姿を作るとき、また微粒子の資料を手に入れる時、物の破壊とか分解とかをしなくてもよいこと、これがその一つです。もし、皆さんの精神が動揺しているとか、皆さん方の間に協調がない時、あるいはうるさい雑音があったり、強い光線があるとき、中でも写真用のフラッシュを発光したら、もう私達は何もすることが出来ません。幸い状況が良ければ、つまり二、三人の真剣な研究家がいたり、または、良い霊媒がいて受動的な精神で調和してくれたら、静かで暗い部屋でなら、形姿を出現させることは決して難しいことではないのです。要するに、必要なのは友好的で受動的な態度と忍耐です。決してあまりに熱狂的な期待で接してもらっては、うまくいかないのです。

# ジュリアのお話（八）

（一九〇八年十月六日受信）

今朝私が申しますこと、きっと驚かれますよ。それは、私がこちらに来て、初めのうちは、そちらからの音信を聞き、またこちらからの通信を送ろうと、随分と熱中していましたが、今は事情が変わってそれほどではなくなったのです。以前の通信で、当界へ来た人達は、地上に残した人達と交通したい強い願望を持っていると申しましたが、あれは本当です。その頃の私はこちらの新参者でした。これら新参者たちは、地上に残した者達が泣いている姿を見て、通信をして涙を止めてやりたいと、じりじり悔やしがっている姿を伝えましたが、あれは誇張じゃないのです。ですけど、年を経てよくよく観察してみますと、生者と交通したがっている「死者」の数はごくごく少数なのです。霊界通信などで地上に影響を与えたいと行動している霊は別です――彼等は顕幽両界の生きた連鎖です――ですが、地上の者達に利害を抱く霊はずっと少数でして、恐らく百万人に一人あるかないかでしょう。これは丁度、移民と本国との関係のようなものです。移民が初めて移住地に着いた時は、気持ちは旧世界につながっています。新世界は奇異で馴れない事ばかりです。新参者は故郷との通信を熱望し、手紙でも来れば朝日を見るよりも喜んでとび上がります。でも、だんだん日が経つと、苦痛もうすれ、利害が生じてきて、数年も経つと、いえ時には数か月経つか経たぬかで、手紙さえも書かぬようになります。霊界の新生活はそれ以上に人の心を奪います。それに、昔なじみも次々とこちらへ来ますから、こちらに来てからの心の変化は、移住した場合よりもずっと迅速です。一家団欒は天界で出来るようになり、その他の親しい者達も一緒にあるわけですから、一向に地上との通信の必要はありません。十五億の人口のそちらの世界は知らない人ばかり、私達の生活はこちら天界にあるのです。ですから、先頃私が地上との交通を熱望するように言ったのは、新参当初の私の状況にすぎなかったのです。しかし、だからといって顕幽交通局の開設に、貴方が努力しなくてよいという理由にはなりません。

（訳者注・ジュリアは受信者のステッド氏に対し、霊界からの通信局をステッド氏が地上に開設するようにと、熱心に要望していた。）

手紙や電信の往復があれば、別れても悲しみは減ります。「そのうち手紙が来るでしょう」「あちらに着いたら直ぐ便りをくださいよ」。これらは物質界にいる人達の慰めとなりますね。私が交通局を作りなさいというのは、身内を亡くした人に、故人からの消息を聞かせたいということです。それは死別で受けた痛手の鎮痛剤ですし慰めです。かりに交通局の効果が、百万人の乾いた唇をうるおす一杯の水にすぎなくても、否定してはなりません。百万人の乾いた唇があるということは、その設立の理由です。その他にだって幾百万も年々他界しているのですから。私がこちらに来た当初の心にかかった思いは、地上で悲しむ人達の涙を止めてあげることでした。しかし、今となってはそれはもう第二の目的です。交通局を必要とする眼目は、他界の実在について絶えずこれを証明することになる、この点です。どうか貴方は、過ぎ行く時の代わりに、無限に続く時間があること、また科学的な基礎に立って、墓を越えた彼方の地にまで途切れることのない生活があること、この観念を人類に回復してください。この事業がどんなに遠大なものか、いろいろな道に通じ、また時代から時代へとわたって、言語に絶する人智の努力を支払う価値のあるものか、貴方にはぼんやりしか分かっておいでにならないよう。これあればこそ、世界の宗教も道義も息を吹き返し、活力を得るものとなりましょう。

# ジュリアのお話（九）

（一九〇八年十月七日受信）

W・ステッド「ジュリアさん、私が筆記しているこの貴女の音信に、誤りはありませんか。」

ジュリアの答え――ウィリアムさん、そうね、大体において間違いはないわ。

今日はね、貴方がたと私達との間にある、交通の障害について述べたいと思います。障害のあるものについては、以前の通信で既に述べてあります。

またその理由も説明しました。このことよくご存知でしょう。あの頃の私は、もう一つの悪い面といいますか、つまり地上の罪人たちと接触したがる当界の悪霊たちについては、殆ど何も知らなかったのです。その時、私は罪の原因を愛の欠乏だと思ったのですが、それはそのとおりなのです。愛の欠乏はすべての罪の原因です。でもその頃の私は、罪のいろいろな現れ方と、それから罪が自ら招く刑罰のことを知らなかったのです。私がここで知っていただきたいと思うことは、刑罰はすべて改善的で人を新しく生まれかわらせるようなものでなければならない、ということです。その改善的方法というのは、当界でも、そちらの世界と同様に必ずしも愉快なものではありません。私の知る限りでは、愛の欠乏した者を放任して、そのために手におえない悪質になったということはまずありません。また、このことは前にも申しましたが、こちらでの最初の印象は、常識とは丸反対だったということです。当界ではそちらで聖徒のように思われた人が罪人として扱われ、大きな罪人と見えた人が大聖徒として扱われるのです。その頃私が言ったことは、今ではますます真理であることを確信しています。つまり、当界では動機が何よりも重視される、そういうことなのです。行為も中には、死後そのまま認められるものもありますが、その点動機は絶対で間違いがありません。「人はその心に思うとおりのものです。」貴方が極悪の罪と思われるもののなかに、私達としてはそう思わないものがあります。また貴方がたの目から美徳と映るたくさんの行為も、当界では、それは心霊を萎縮させ、あるいは魂の目をふさいでしまうと、そう思われるものがあります。

私の言う罪悪とか犯罪は、心をもって犯したもの、心がそれを認めて犯したもののことです。ですから、誘惑を受けたからといって、また一時心がぐらついただけでは罪ではありません。もし心が誘惑者の言うなりにならなかったのならば、これは、誘惑されたのではありません。心にその気のない人に姦淫をさせたり、あるいは鉄の塊を空中飛行させたり、そんなことは本来できることではありません。ですから、人が誘惑を受けても、身体が禁断の快楽を拒絶するなら、その動機は価値あるものです。これに反して、平常から意志が悪い癖のために虚弱となり、情欲のおもむくままに身体を委せ、霊にとって一番高貴な向上心を麻痺させてしまい、ますますその悪習が永続していけば、それはもう、かりに根絶できなくはないとしても、悪い癖をすっかり身に付けた者です。こういう霊が他界すると、そのこびり付いた悪習が救いの手段となるのです。そうしてその救いは必ず苦痛によります。もともと救いは当界でもそちらでも苦痛以外では得られないものです。つまり苦痛とは彫刻家のノミでして、これあればこそ大理石から肖像が生まれるのです。その苦痛の一つというのが、もはや機会をもたない亡魂が、その友等が罪深い歓楽に溺れている様を見ることです（駄目よ、いま貴方は質問してはなりません）、私はいまここで幽明交通の障害について述べているのですから。私の言う障害とは、愛である神の御心から出るもので、外から見れば自動的に作用しているように見えます。思うに、神の御心はすべてこれ自然だからです。

# ジュリアのお話（十）

（一九〇八年十月八日受信）

昨日の通信で申しましたように、当界とそちらの世界との間には通信の障害があるということ、それは神の御恵みであるということです。御恵みと申しますのは、神の法則はすべてこれ慈悲なのです。でも、時にはそれが苛酷に見えることがあります、それは私達の方にそのことが解っていないからです。私も近頃になってだんだん分かってきましたが、まだまだ分からないことばかりです。もちろん、私達には全部が全部わかることはありませんけど。（駄目よ、あなた質問しては。どうぞこのまま私の話を聞いて、質問はそれからにしてください。）罪人や悪人や利己主義の人達が当界に来ますと、しきりに地上に帰りたがるのです。彼等は当界ではいわば貧困者で真暗な処に住まねばならないのです。それはね、彼等の財産は地上世界にあって、この天界には何の宝も貯えてなかったからです。もし幽明の門戸が開放してあったら、こういう人達は地上へ帰りたがっているのですから、さっさとそちらへ帰って、もう決して改心することはないでしょう。ですから、境域を越えて家に帰ることは禁じてあるのです。丁度寄宿舎に入れられた少年のようにです。いいえ禁じてあるのでなくむしろ不可能にしてあるのです。どうしたら彼等は救われ、どうしたら彼等が進歩するかというと、彼等が自分の魂を質に入れて、代わりに入手した虚飾と虚栄をもぎ取ることです。彼等は破産者なのです。生活をもう一度立て直さなければならないのです。これをたとえれば、彼等は泡沫会社に投資をしたのです。短期の闇資本から配当を受けて、次には破滅に陥るのです。彼等は永遠不滅のものに投資する前に、先ずもって、世界株式が無価値だということを、身をもって味わわねばならないのです。彼等は本当の利得を得る前に、損をせねばならないのです。もしかりに、彼等が暗黒から出て、生前に全財産を投じた地上に帰ったとて、もはや身体がないのですから、その執着した歓楽や罪悪を、ただ傍観するだけでそれにたずさわる事は出来ません。それでいったい何の益がありましょう。これはタンタラスの杯です（訳者注・ギリシャ神話。神の怒りをうけたタンタラスは地獄におとされ首まで水につかりながら、飲もうとすると水は消え、永遠の飢渇の罰を受ける）。ですから、幽明の交通を開放することは、彼等のために悪とはなっても善とはなりません。貴方がたに対してもこの事は同じです。ですから、幽明の交通が制約されているのは、まさに神の御恵みなのです。

# ジュリアのお話（十一）

（一九〇八年十月九日受信）

初めて罪人が（ここで罪人とは、誰でも罪を犯すという意味で、すべての人を罪人と申しておきます）当界につきまして、自分の罪のために、愛の光を当てられても、目がくらんで何も見えない者達も、たちまちたくさんの愛深い霊達に囲まれて、親切な待遇を受けます。これらの霊達は愛が深いので、たくさんの人を救済することが出来るのです。およそ救われるとか救われないとかいうことは、そこに愛があるか無いかということです。霊が救われるというのは、愛がその霊の中に入って、我《が》の心を追い払い、神の息吹である愛の雰囲気の中にその霊を置いてしまうことです。

キリストが人類の原罪をあがなうために犠牲となって死んだということを、信じれば救われるというのは、基本的な真理をうがった言葉です。それは、これを信じれば、キリストを通じて神が愛であることが最もはっきりと示され、そのために、眠っていた霊が目を開いて光りを見るようになるからです。救いの道について、あれこれ異説に首を突込む必要はありません。そのほか、キリストの啓示と、その他の神の愛についての啓示と、どこがどう違うかなどせんさくする要もありません。

すべて教示というものは、人が自己犠牲の愛を持つようになり、そのために我欲を捨ていろいろな悪を犯さぬようになれば、それは真正な教えです。すべて神学といい、宗教といい、それが人を救うものかどうかをテストする唯一つの方法は、人がそれにふれて神の愛に深く浸《ひた》される者となる効果があるかどうか、この点です。もしその効果が本物なら、その人の愛は深く真実となり、他の生物にたいして、いいえそれだけでなく、いのちを持たぬ万物に対してもその人は愛を向けます。ウィリアムさん、愛があるかどうかということがすべての事において、そこに神がおられるかどうかを計る目安です。愛が深ければ肉体の外にまで神が姿を現されます。愛が乏しければ神の姿はありやなしや、見えません。しかし、神はくすぶっている麻を消してしまったり、傷ついた葦を折ることはなさいません。貴方もご存知でしょう、医師は患者の身分の善し悪しで、傷の手当てや病気の治療に、手加減や差別は致しません。「大いなる医師」である神が、人の魂を救うことにおいて、人間の医師に劣るなんてことはありません。神の力の効力は狂いなく疑いなく及ぶのです。

（訳者注）ジュリアは、イエスが人類の原罪を肩替りするために、十字架にかかって死んだこと、及び独り子であるイエスをこのように犠牲死させるほどに神は愛であるという、いわゆるキリスト教のドグマが真実だと言っているように受け取れます。

死後日の浅いジュリアだから、生前深く心に浸み込んだキリスト教の信条を捨て切れずにいるということは、そのとおりでしょう。ただ、ジュリアが言いたいのは、このドグマによって、信じる者は神が愛であるということに心の目が開かれる、その意味で価値が高いと言いたいのです。これはその限りにおいて真実です。たとえば、偉大な聖女マザー・テレサは、そのように信じ、それによって神が愛であることを悟り、献身の愛をインドの賤民達に向けているのですから。しかし、テレサのような非凡な人物は別として、一般の人にはそこに大きな落とし穴があります。すなわち、キリスト一人が神の子であって自分達はそうではない、それだけでなく、人間の手では消せない程の重い原罪を背負った自分達は罪人である、このことを基本に認めねばなりませんから。

これでは、「人は神の子」ではなくなります。即ち、「他者はすべて同じ神の子である兄弟」という真正の愛はそこからは生まれてきません。また、人は自らを救う神性を内に持つ者という、肝心かなめの救いの力を否定することになります。即ち、他力依存の自己責任の希薄な人間となってしまいます。「人は神の子」これを知るために我々は地上の「試練の学校」に生をうけています。またこれを知ることで、我々はその知ったとおりに神の子となるのです。

この進歩と救いの根源の霊的真理を否定しなければならないキリスト教の信条は、ドグマ（歪められた独断の教え）です。これは生前においても死後においても進歩の足かせとなります。しかし、ドグマではあるにしても、「神が愛」であることを教える点についてだけいえば、これは既存の宗教の中では卓絶した教えで、そこにキリスト教の存在意義があったといえます。ジュリアが言いたいのはこのキリスト教の長所である「神は愛」と知ることの大切さ、そこのところでしょう。これはそのとおりで異論はありません。ただ問題は、「神は愛」と知っても、「人は神の子」と知ることの出来ない進歩への足かせ、これです。これを知らなければ、真正の隣人愛も、正しい因果律に立つ自己責任の自覚も完全には生まれません。問題はここです。すなわち、進歩も救いも中ブラリンのままで止まってしまいます。

ウィリアム、貴方は困った書記ね。精神を受け身にして。それぞれ一度にあれこれ疑問を持ったりしちゃ駄目よ。邪魔をしないで。私はスラスラ自分の思ってることを書いてもらいたいの。ではいいこと、また話を続けますよ。一般に罪人が当界に着きますと、まるでその状況は大きな病院に入ったようなものです。その人は依然として自由です、そうしたければ罪だって犯せます。また、生前にやってきたこと、思ってきたこと、そのとおりのやり方を続けることも可能です。ですけど、こちらに来ると、何やら空しくなるのね。生前に自分では一生懸命やってきた事が、あれもこれも無駄だったように思えるのね。でも、すぐにそのように何もかも悟るわけじゃありません。先ず思うことは、自分の人生の不幸ね。それから犯した罪のあれやこれ。自分の人生が不幸だったと思うことは、愛と同情をもつ天使の方々がその人に近付く入口です。そうすると、その罪人の目が開けて、初めは物がぼんやり見え始めるのです。これは夢でも見てるのかと自身で疑うのです。この時に、この罪人は我《が》の心から愛の中へと移されていき、地獄を出て天国へ行くキッカケが出来るのです。いよいよこうして彼が歩一歩と前進し始めますと、自身で、悪を滅ぼして光明をひろめるための奉仕をしたいと、次第にそう願うようになっていくのです。

## ジュリアのお話（十二）

（一九〇八年十月十日受信）

W・ステッド「ジュリアさん、今朝はどうも私は気分が良くないのですが、それでも貴女の方に差支えはないでしょうか」

ステッドさん、別に差支えはありませんよ。自動書記の筆記係の貴方の気分の善し悪しにかかわらず、私は殆どいつものように貴方の手が使用できます。では、これからいつもの仕事を始めましょう。

前回、当界での罪人に対する感化、いいえ、そちらの世界での罪人の感化の話をしましたが、まだまだ私は話したいことがたくさんあったのですが、中断したのです。ご存知でしょう、人が悪を犯せば、それが死後にも付きまとうということ。これがその人の苦しみ、処罰となるのです。私達は皆罪を犯しましたから、元に戻って、悪を償わねばならないのです。しかし心に愛がある人は、当界に来てその償いをします。それが出来ます。それがその人の喜びです。キリストの使命は、神の愛を自身で表現したことだけではありません。人間は救われること、人間が新しい人間に生まれ変われることをはっきりさせた点です。私の見解では、これはキリスト教の優れた特色です。キリスト教は失望の宗教でなく、容赦ない罰の応報の教えではありません。希望と許しの宗教、これがキリスト教です。もし罪悪を犯しても、これに償いの機会を与えることを終極の目的とし、かつ、それによってその者が栄光を得るのでなければ、許しの名に価《あた》いしないものです。悔悟のために霊には何が必要でしょうか。天なる父がいまして、悔悟した者に平和があること。いえ、それだけではありません、同胞に対して償いをすることです。貴方がもし、罪人と聖徒、天国と地獄、償いと永久の処罰とを詳細にお調べになって、その本質の違いがどこにあるかを発見なさったら、罪人とは心に愛がないから、自己犠牲で罪の償いをしないから救われない、ただそれだけだとお分かりになりましょう。罪の結果によって、世の中が悪くなります。だが世の中が悪くなるだけではすまされません。そちらで犯した罪は当界にまで尾を引くものですから、私達はいちいちそれを本元にさかのぼって、取消さねばなりません。すべて人が犯した不親切、不正、残忍の行為は、害を受けた人に暗い影を落とします。たとえていえば、私達は神に対して月のようなものです。もし私達が神の愛を反射しない場合は、相手に光を与えず黒い影を落とします。ですから、私達の不信のゆえに、信仰を失った人々も少なくないでしょう。私達はその罪滅ぼしをしなければなりません。もちろん、私一人の責任ということでなく、責任は無限にたくさんありましょう。だからといって、自分の責任分担が軽くなるというわけではありません。いったい天国とは、常日頃より神の愛を認めて生活するところになります。ですから、ひと言、一つの思い、一つの行為にしても、神の愛に基づいていなければ、必ず他の霊を天国から閉め出して、地獄に入れその門を固く閉ざしてしまうことになります。およそ、暗い心、失望や怒りの感情は、すべて地獄を閉ざすかんぬきです。もし貴方がある霊にそのかんぬきを作らせているのなら、それをはずす手助けをして、その人を開放しなければなりません。この仕事を思って憂うつになったりするのは大間違いです。天界での最大の喜びとは、私達が天国から閉め出した責任のある霊に愛の光を復活させるよう、忙しく働くことです。私は単純な気持ちでこう言ってるのじゃありません。すべて愛の大本は正義です。愛せなければ、それは正義からはずれています。すべて不正を矯正し、圧せられた人を解き放ち、深淵に沈んだ人を引き上げるのが、私達の生活の光栄です――天国の楽しみです。

# ジュリアのお話（十三）

（一九〇八年十月十二日受信）

私、昨日言いおとした性の問題に後戻りしてお話したいと思います。でも、もっと深い意味で、罪人の状態のお話から致しましょう。罪人はそちらに居た時と同じで、当界に来ましても反抗をします。何でもかでも見ようとも聞こうともしませんで、ただただ愛など少しもない相手と同棲する快楽にうつつをぬかすのです。死者は何もかもそちらに残して当界に入るのですが、でも持って来るものがあるのですよ。傲慢な霊は、財産の一切を失ったからといって、決して謙遜にはなりません。嫉妬心なんかも死んでも消えません。それは、親切心だとか同情心だとか愛と同じことで、存続するのです。罪を背負って来た者達は、現世の時より、こちらに来てからがその受ける苦痛は大きいんです。現世と当界との違いは、現世での物質を失う、ただこの点ですわね。ですから、こちらに来た時は、地上に生まれた時と同じこと、裸体なんです。ただ両界の違いと申しますと、そちらへ生まれた時は記憶の一切を失いますけど、当界へ来た時は記憶が一層増すんです。もちろん、私達だって物忘れってこともあります。ですけど逆に思い出すことがとても多いのです。そちらで覚えていた事で忘れるものもありはします。人名とか住所とか、もう当界では無用の所持品名、物品名、とにかくこちらでは使わないから記憶から消えるのです。ですけど、当界に来てからものをいうことになる事柄は、はっきり覚えていて、まるで奇跡と思える程覚えているのです。でも時がたちますと、時にはすぐって事もありますが、いろいろ新しい学習などで謙遜の心を起こして、現世で身に付いていた罪から離れていくようにはなります。天界ではお互いに心の中が見透しです。ですけど、万人にその力があるのではありません。現世では「神様が見ていらっしゃる」なんて、ふと思うこともありますね。でも当界ではそれが日常の感覚なんです。その上にまた、霊の多くには人の心までが見通せるのです。こちらでは誰しも、相手の真人格を見る感覚が備わってますけど、その看破力には人により差があるのです。私達は幸いにして、愛の乏しい人達から見透されることはありません。愛の深い人達はまるで印刷物を見るように、はっきり人の心を読むことが出来ます。当界では仮面を被るってことが出来ません。自分の思想とか気持ちを隠すことも出来ません。同じ程度の愛の持主の間では、心と心が見透しなのです。そうして、こういうことが進歩の原因になるのですね。第一が、物質を失うから裸体になることですね。第二が、自分の人格を隠す仮面とか手段が消え失せて、それで裸になること、これが当界での裸体の真相です。

こちらの実情は右のとおりで、丁度脱落前のエデンの園ですね。このことは暗い世界に入ってる人達も同じことで、ただ彼らは光がないから、はっきり自分の裸体の姿が見えないのです。

いわば私達はアダムとイブのように裸でして、自分の姿を見ることは恥ずかしいのです。もし神が婚礼の衣装のようなもので身を被うことをお認めにならなければ、神の前からも同輩の前からも逃げ出しましょう。「岩よ落ちて私を隠せ」とそう言いますでしょう。私達にはもともと何を為すべきか、人間の理想のようなものが備わっています。ですから、自分の現実と見較べる時、神の前に立っておのずから刑の宣告を受けているようで、その処刑に服さざるを得ません。ですけどその服罪、それがすなわち愛に入る門戸です。

# ジュリアのお話（十四）

（一九〇八年十月十三日受信）

今日お話することは、今までお伝えしたことのないお話です。それは輪廻の問題です。先頃、生まれ変わりは本当のことだけど、一般的な法則ではないと申しました。私は一度地上に生まれましたが、それ以前に肉体に宿った記憶はありません。当界でも多くの人達がそのように言っています。もう一度私が地上に再生するかどうか、私は知りません。ですけど、貴方には到底理解できない真理がございます。それは人は部分的に肉体に宿るということです。宗教を人が信じるのは常識です、そのように再生を常識だと言うのは正しいことです。ともあれ、貴方が尊重なさる自我について考えてください。その幾分かがウィリアム・T・ステッド氏に宿っているとしましょうか、そうですたくさんではありません。そのごく僅かな部分が教育と修養のために、物質の中に浸されているにすぎません。今、ここに金属製の車輪があるとします。その車輪にはたくさんの輻《や》がついています。その輻《や》を取りはずして熱火に投じ、鍛錬して加工して、このような輻《や》を部分として車輪は完成されます。輪廻の観念もほぼこれに似ています。自我はこの後再び、いいえ過去未来ともに、その全部がそっくり物質に浸ることはないでしょう。自我は永久にこちらにありまして、その生命力と元質を保有しています。つまり輪の轂《こしき》

（車の輪の中心の太い部分）はこちらにあって、その輻《や》は肉体に宿っている、そういうことです。

貴方のいろいろな疑問にすべてお答えするのは難しいことです。一つだけ次のようにお答えしておきましょう。現在の私の知るかぎりでは、私の輻《や》は一つも地上の肉体には宿っていないと思います。当界でも何もかも知ることは限りがありまして、知識は相対的で狭いものです。特に存在の秘密に関してはそうなのです。それを知っていけばいくほど、ますますその知識の狭さを感じます。慈悲深い神は私達を完全にしようとして、常にみ心を尽くしておいでです。私共は一輻《や》ごとにその形を整えられていきます。そうして遂には完全な輪に仕上げられるのです。その間に、場合によっては一本毎の輻《や》に記憶が与えられることがあります。またある場合には、一本の輻《や》が度を重ねて肉体に宿らされることもあります。車の轂《こしき》である自我が天国にありながらその輻《や》は地獄にあるということもあり得ます。ある時は輻《や》が一時轂《こしき》に連結されることもあり、ある時は一個以上の輻《や》が肉体に宿ることもありましょう。存在の問題は実はお互いが想像するよりも、ずっと無限に複雑に入り交じったものなのです。ですけどこれだけは確かです。人格とは結局、ただ一個であって不可分ということです。完全な進化を遂げている間には、人格はいろいろな形をとっていろいろな進み方をし、その間にあって一本一本の輻《や》はそれぞれに人格をもちます。これらの人格が種々な経験をへ、いろいろな記憶を保ちながら、遂には一つの大人格に融合してその一部となります。そうです、貴方はお分かりになったようですね。さて貴方のことですが、いま貴方の身体に宿っている貴方の輻《や》は、以前に数度肉体に宿ったことがあります。

そのほかにも数個の輻《や》が貴方にあります。

# ジュリアのお話（十五）

（一九〇八年十月十一日受信）

今日は当界での男女関係についてお話しします。バイブルには、他界では人は、「めとらず嫁がず、天に在る御使たちのようである」と書いてあること、よくご存知でしょう。本当にそのとおりなのです。なぜかって、天使の性と人間の性とでは違っていますから。私達はもう天界にいますから、地上にいる貴方たちには必要ないろいろな制約に拘束されることがないのです。当界で私達は、性の問題を地上でのとらわれなどから離れて、考えることが出来ます。私達は天使のようなものです。地上の貴方たちには当然の制約に関係なしに、私達は自由に交際し、性のための制限というものがありません。そうね、ウィリアムさん、地上の性の観念は生殖の必要から、生理的な肉体機関にとらわれてしまいますわね。ですから、そういったところから多少悪くなっていますわ。もう生殖の目的は終わっていますから――私達こちらでは子供を産みません――生殖器の性感に狂奔する必要がないのです。ですから、私達は心に愛があれば、その愛のままにお互いに接します。そのために特別な機関の作用は必要がありません。そんな機関はもう時代はずれの付着物になってしまってます。でも貴方の場合はその機関は二重の用があります。一つは、人類を残すためです。これは肉体的な見地から見たものです。このため母性愛が生じてこの母性愛から世界の宗教や道徳も芽生えてきます。第二に、心霊的に見ますと、生理機関は一時の悦楽というごくせまい目的のためのようですが、実はそれによって、すべての真理の中の大切な幸福、つまり人間が一人では達成できない「無限」に対する悦楽、それを予め暗示しようというものです。それは克己《こっき》の交換です。すべてを与えてすべてを所持すること。すなわち造物主と被造物との接合、すべてを捧げてそれによってすべてを発見する、宇宙万有の中にある法則を象徴するものです。昔旧約聖書にはいろいろ法律や戒律がありました。でもそれが手がかりとなりつつ、キリストを迎え信じる手順になりました。そのように、地上の学校にはいろいろな法則や制限がございます。でもそのことから、人々はすべての者を抱擁し、自分を犠牲にしてすべてを所有する、そのような無限の合同へと入っていったのです。私達はめとらず嫁ぎません。それは天使のようなものです。私達は自分の霊と波長の合った他の霊、またはたくさんの霊と、波動が調和している限り、自由無制限に全身全霊をあげて交わります。その喜びといったら、地上の肉体愛の比ではございません。それは何と申しますか、人体の全面積と生殖機関の面積の差とでも言っておきましょうか。当界では恋愛に制約はありません。当界へ来た人で、地上の配偶者の外に誰も協調し合える相手がいなければ、地上同様に一夫一婦の生活をしてもよいのです。ですけど、二人きりしか愛さないというい き方は、最高の道義とはならないのです。もちろん性の区別は続きますとも。でも、地上では性は一時の目的の機関だったのですが、当界ではもっと深い意味をもっているものです。

巻末付録

# 詩

山波言太郎（本名　桑原啓善）

新装版にあたり編集で付録として訳者の詩を掲載しました。

〈あそび歌ふうに〉

# ジュリアから

風に乗って世界を舞う
あたし　ジュリア
エレン　エレン
貴女が二つの世界の
電線なのよ
電線なのよ

光ファイバーより光ってる
もっと細くて強い
あゝあゝ愛を伝える
愛が伝えられる　お話の
キレイなキレイな　風の流れよ
それがレイ　あなたもレイ
あたしもレイ
光よ　神さまなのよ
あたしたちはレイ

あたしたち光　光
元はみんな神の子供
　神の子供

草も木も　土も石も水も
みんなレイ　光　神
輝く星よ
ピカピカピカピカ
星のように

星だから　光
粒々だから　生きてる
神の子供たちなのよ
あたしたちはレイレイ
光も神も草木も石も水も
土もみんなレイ
キレイなレイ
そのお話ここでおしまい
ジュリア、ジュリア、ジュリアから

二〇〇七・八・一九　記

訳者 略歴

桑原《くわはら》 啓善《ひろよし》（ペンネーム・山波《やまなみ》 言太郎《げんたろう》）（1921 ～ 2013）

詩人、心霊研究家。慶應義塾大学経済学部卒、同旧制大学院で経済史専攻。不可知論者であった学生時代に、心霊研究の迷信を叩こうとして心霊研究に入り、逆にその正しさを知ってスピリチュアリストになる。浅野和三郎氏が創立した「心霊科学研究会」、その後継者脇長生氏の門で心霊研究30年。二大霊界通信シルバー・バーチとホワイト・イーグルを日本で初めて翻訳紹介。

1943年学徒出陣で海軍に入り、特攻基地で戦争体験。1982 ～ 84年一人の平和運動（全国各地で自作詩朗読と講演）。1985年「生命の樹」を創立してネオ・スピリチュアリズムを唱導し、でくのぼう革命を遂行。地球の恒久平和活動に入る。1998年「リラ自然音楽研究所」設立。すべての活動を集約し2012年「山波言太郎総合文化財団」設立。

訳書『シルバー・バーチ霊言集』『ホワイト・イーグル霊言集』『霊の書』上中下巻『続・霊訓』『近代スピリチュアリズム百年史』他。著書『人は永遠の生命』『宮沢賢治の霊の世界』『音楽進化論』『人類の最大犯罪は戦争』『日本の言霊が、地球を救う』他。詩集『水晶宮』『同年の兵士達へ』『一九九九年のために』『アオミサスロキシン』『愛　山波言太郎 未刊詩集』他。

# ジュリアの音信

1991 年 7 月 25 日　初版 第 1 刷 発行
2024 年 8 月 15 日　新装版 第 1 刷 発行

訳　者　桑原 啓善

装　丁　熊谷 淑德

発行者　山波言太郎総合文化財団

発行所　でくのぼう出版
神奈川県鎌倉市由比ガ浜 4-4-11
TEL　0467-25-7707
ホームページ
https://yamanami-zaidan.jp/dekunobou

発売元　星雲社（共同出版社・流通責任出版社）
東京都文京区水道 1-3-30
TEL　03-3868-3275

印刷所　シナノ パブリッシング プレス


ISBN978-4-434-34542-5